面白いほど雑談が弾む101の会話テクニック

神岡 真司著 Shinzi Kamioka

Forest 2545
Shinsyo

はじめに

今日からあなたも「話し上手」「雑談名人」になれます！

本書をお手にとっていただき、ありがとうございます。
あなたには、次のようなお悩みはないでしょうか。

「会話が苦手なため、人付き合いが億劫《おっくう》になっている」
「商談に入る前の雑談がうまくできない」
「雑談で、どんな話題を提供すべきかが、わからない」
「途中で次の言葉が出てこなくなる」
「相手がこちらの話に乗ってこず、沈黙しがちになる」

こんな悩みを解消するために編まれたのが本書です。

見開き形式で、さまざまな「**声かけ**」や「**受け方**」を網羅しました。

また、**心理誘導のトーク術**や、**面白ネタなどの提供方法**についても紹介しています。

会話や雑談に関わることの要諦《ようてい》をひと通りまとめてみたのが本書です。


「会話」や「雑談」は、こちらが話すより、相手が話したくなるように仕向けることが、一番のポイントです。


相手がついつい話し出したくなる「**声かけ**」と「**受け方**」です。

相手が7〜8割話し、こちらは1〜2割話すようにもっていけばよいだけです。

すると、会話は自然に流れ出します。

ですから、無口な人でも、人見知りの方でも、まったく心配はいらないのです。

相手が話したくなるように仕向ける「**コツ**」さえ覚えておけばよいのです。

相手の「感情」「気持ち」に寄り添う言葉で返してあげる！

会話は、まず相手が容易に相づちの打てる「声かけ」「話しかけ」で口火を切ります。

A「こんにちは、今日はいいお天気ですねえ」
B「そうですねえ……」

お天気の話題を振るだけだと、たいていここで終わってしまいます。
そこであとひと押しが必要になります。
同じお天気ネタで、話をひろげる工夫が大切なのです。

A「こんな日は、外出するのも気持ちいいですよね」
B「そうですねえ、雨の日と比べるとありがたいです」

ここで、相手（B）は雨の日がイヤだ――という**「気持ち」**を表してくれました。

この「気持ち」にすかさず共感することです。

そして、相手の「気持ち」に寄り添う言葉を返してあげます。

すると相手から、何かしらの**「情報」**が得られるものでしょう。

A「雨の日は、何かと面倒くさいですものね」
B「ホントですね。営業なので雨の日は困ります」

相手は、自分の仕事が営業――という**「情報」**を与えてくれました。

気持ちが少しだけ緩んできた証拠でしょう。

あとは、**「そうでしたか、営業だと外回りが大変ですものね」**と、また寄り添います。

相手の気持ちに共感し寄り添う――まずは、この繰り返しが基本になっているのです。

「相手主体」を心がければ「会話」は面白いほど弾んでいく！

つまり、会話のキッカケを作るのは、はじめにどんな**「声かけ」**をするかですが、会話を続け、話をひろげていくのは、**「受け方」**の巧拙にかかっているわけです。**「受け方」**が上手であれば、相手は自分からいろいろ話し出してくれるのです。

こちらが誰かに話しかけられた時にも、そのことを意識しておくとよいでしょう。

「今日はいいお天気ですね」という声かけに対し、「そうですね」と応じるだけでなく、こちらも**「そうですね、気分がいいので一日中外回りで過ごしたくなりますね」**などと、自分の気持ちや感情を、率直に感想として付け加え返すように心がけることです。

すると、相手も**「ですよね。いいなぁ、営業の人は外回りができて。うらやましいなー」**といった具合に、絡みやすくなるからです。

「会話」や「雑談」は、相手主体に話をさせるもの——と心得ておけば、聞き上手になり、結果として**「話し上手」「雑談上手」**といわれるようになります。

本書は、こうした基本的なメソッドをベースに、**「声かけ」「受け方」「質問」「話題づくり」**などをお伝えしていきます。

第1章は、「会話」や「雑談」をスムーズにするための「心がけ」とそのコツです。
第2章は、相手の話の上手な「受け方」と「返し方」です。
第3章は、「声かけ」「話しかけ」のテクニック編です。
第4章は、ビジネス現場での「言い方」「言い回し」編です。
第5章は、知ってトクする「雑学・ウンチクネタ」のヒント編です。
第6章は、相手をその気にさせる「誘導トーク」の実践編です。
第7章は、「笑い」や「感動」につながる話題づくりのヒント編です。

本書が、あなたのコミュニケーション力の向上に寄与することを願っています。

面白いほど雑談が弾む101の会話テクニック 目次

第1章

話し下手・口下手解消のための基本メソッド11

第2章

うなずき・相づち・共感・同調の「受け方テクニック」

第3章

つかみはOK！出会い頭の「話しかけテクニック」

第4章 覚えておきたい「ビジネス現場」での定型フレーズ

第5章 知っておくと雑談に使える「雑学・ウンチク」ネタ

第6章 NOをYESに変える！ 相手をその気にさせる「会話のマジック・キーワード」

第7章 「笑い」と「感動」を呼び起こす「話題ネタ」の選び方

フォーマットデザイン　ｐａｎｉｘ（斎藤啓一）
カバーデザイン　河村誠
本文デザイン　高橋明香（おかっぱ製作所）
ＤＴＰ　株式会社キャップス
校正　鷗来堂

第1章

話し下手・口下手解消のための基本メソッド11

★まずはネガティブ視点を評価する！

テクニック 1

話し手の「気持ち」に焦点を当てる

「人との会話が続かない」「すぐに沈黙が訪れて困る」という人は大勢います。

しかし、それはたいていの場合、**「聞く力」**が足りないのが原因です。

会話を弾ませるのは、「話す力」だと多くの人が誤解していますが、実際は**「聞く力」**や**「応じる力」**のほうが何倍も重要なのです。

相手の言うことを自分はよく聞いている——と思っているのに、**会話に沈黙が訪れてしまうのは、「聞き方」「応じ方」がうまくない**——ということがほとんどなのです。

テレビのお笑い芸人は話すのがうまい——と思われていますが、実際は相手の話したことを当意即妙に面白おかしく加工して返すのがうまいのです。

相手が**「出来事」**を話したら、その時の相手の**「気持ち」**に焦点を当てて返すのです。

芸人A「好きな女の子と、はじめてデートする時って緊張するじゃないですか」
芸人B「きみは、下心全開だからだろ、エッチな妄想膨らませて。そりゃドキドキするわなー（笑）」

お笑い芸人は、相手の気持ちを大袈裟に見透かして相手のリアクションを誘います。素人が真似すると怪我しかねませんが、相手の「**気持ち**」をつかむ要領は同じです。
自分の「**気持ち**」に焦点を当てられると、人は無意識に反応せざるを得なくなるからです。

point

話し手の「気持ち」に焦点を当てれば相手は自然に話したくなる！
「話し上手」は「聞き上手」。

トーク例 example of talk

「そんなにドキドキしたんだ」「ビックリだね」「そりゃイヤになるね」「へーはじめてだったの？」「それはヤバいね」「へーっ！ そうだったんだ」「そりゃ、笑いが止まらなくて困っただろ？」

テクニック 2

雑談から入るからこそコミュニケーションがスムーズに

「依頼」や「相談」といった目的が明確な会話を**「認知的な会話」**といい、目的や用件もなく、取りとめのない雑談を、**「情緒的な会話」**といいます。

私たちは、いちいち意識してはいませんが、これらの会話を取り混ぜて話しています。取りとめのない雑談から入ると、コミュニケーションもスムーズになるからです。

上司「岡本くん。よく頑張ってるねー、注文がどんどん入ってるじゃん」（雑談）
部下「いやー、ハハ、たまたま、運がよかっただけですよ」（雑談）
上司「運も実力のうちだぜ（雑談）。ところでさ、Q社からの注文はどう？」（用件）
部下「はい、イケルと思いますが、もう少し時間がかかりそうですね」（報告）

「話がうまい」とか「座談の名手」などと評される人は、雑談を随所に取り込んでいます。

雑談のポイントは、相手の「気持ち」や「感情」をすくい上げるように話すことです。

「最近調子悪くてさー」などと話しかけられた時には、「なんで？　どうして？」とすぐにも質問したくなりますが、先を急いではいけません。

いったん、**「そうか、調子悪いんだ」「そういえばつらそうだねえ」**など と、間合いをとって応じるだけで、相手は自分の気持ちを受け止められたと感じるものなのです。

point

雑談が混ざるとコミュニケーションがよくなる！

「情緒的な会話」を意識する。

トーク例 example of talk

「最近調子よさそうだね」「頑張ってるねえ」「近頃はどう?」「相変わらず元気そうだね」「顔色いいね」「日に焼けたね」「どう?　ジョギングのほう、続けてる?」

テクニック3 「ほんのひとことの挨拶や声かけ」が突破口に

見知らぬ人との出会いの時、人は相手のタイプを瞬時に判断します。

見た目、動作、雰囲気などから、相手のイメージを探るのです。

これは、「**ワンクラップ（one clap＝一拍）の法則**」と呼ばれる動物の本能行動です。

相手が、どんなタイプの人なのかを瞬時に見極めないと、安心できないからです。

ゆえに、初対面の相手との「出会い頭」の瞬間は緊張するのです。

ほんのひとことでも、なにかしら声をかけて挨拶するのは、「危険人物ではありませんよ」というシグナルを送ることになっているのです。


新幹線や航空機の自分の座席に辿りついた時のことを思い浮かべてみてください。

ひとこと「**失礼！**」とか「**ドッコラショ**」と声をかけて座るだけで先客は安心します。

場合によっては、先客も「あ、どうも」とか、「や、どうぞ」などと言って、こちらを奥に通してくれたり、ほんの短い挨拶を返してくれたりもするでしょう。

そこから、**「今日は混んでますね」**とか**「荷物が多くて大変ですね、ご出張ですか？」**などといった会話につながったりするのです。

出会い頭は、**「お互いの存在を認識し、タイプを判断し合って安心する」**大事な局面です。

最初のひとことがあるだけで緊張が和《やわ》らぎ、あとの気詰まりな状況が避けられるのです。「ひとりごと」のつもりで声を出しましょう。

point

出会ってすぐが最高のタイミング！
最初に口火を切らないと余計気づまりに。

トーク例 example of talk

「おはようございます」「こんにちは」「すいません」「失礼します」「よろしくお願いします」
「どうもどうも」「いいですか?」「やっ、ども!」「はじめまして」「よろしくです」「失敬!」

テクニック 4

「自分をよく見せたい思い」が「変な人」を演じさせている

出会ったばかりの人に、どんな話を切り出してよいのかわからない——という人は大勢います。それゆえ、「自分は口下手だ」とか「話し上手じゃない」と思い込んでしまいます。でも、実際は毎日、家族や身内の親しい人とはふつうに話ができています。

知らない人だと緊張するだけのことなのです。そしてそれは誰でもそうなのです。緊張する理由は、「恥ずかしいから」「人見知りだから」「性格だから」と思いがちですが、本当の理由は、自分を**「よく見せたい」**という自意識過剰から来ています。

自分を必要以上に「よく見せたい」と思うから緊張するのです。
もっと自分に自信をもって、あるがままにふるまうことが大切です。

ほんのひとこと「こんにちは」と挨拶をしたら、続ける言葉は何だって構いません。

「今日はいいお天気ですね」
「ここって居心地いいですね」
「ここははじめてですか？」

相手に「変な人」「馴れ馴れしい」「ぎこちない」と思われようが気にしないことです。**素のままの振る舞いが、相手をも安心させるからです。**押し黙っているほうが、よほど「変な人」に見られてしまいます。

point

自意識過剰の「カッコつけ」は捨てよう！
初対面では相手も同じ気持ち。

トーク例 example of talk

「○○ってどうですかね」「今日は風が強くて大変でしたね」「こんな天気はイヤですねー」
「なんだか今日は○○になりましたよね」「今日はずいぶん賑やかですねー」

テクニック 5 「会話の一歩は自分から」が好印象を創り出す

誰かから、話しかけられるのを、いつも黙ったまま待ち受けるタイプの人がいます。自分から話を振るのが苦手なので、もっぱら人から話しかけられるのを待っている――という「控え目な人」です。

勝手によくしゃべる人が相手なら、それでよいかもしれませんが、それでも反応が鈍ければ、やがて相手も話すのをやめてどこかに立ち去ってしまいます。

会話は心のキャッチボールですから、お互いの気持ちが通じ合わないと終息します。

反応の鈍い、沈黙がちの人は、「控え目」と自認していますが、かえって相手に「不信感」を植えつけます。次のように思い切って一歩を踏み出すことが大切です。

「最近、〇〇はどうですかね」

「近頃は○○らしいですね」
「こないだ○○を見つけましたよ」

自分のほうから話題を提供しようとする姿勢は、相手への興味や関心をもっていますよ――というサインです。

サインがあるからこそ、相手は安心できて、こちらへの好感度も上がるのです。

話の内容は何でもよく、雑談なのですから、中身はなくてよいのです。

自分から気軽に声かけする人には、多くの友人ができます。

沈黙の多い人には、人が寄りつかなくなり、多くのチャンスを失います。

point

話しかけられるのを待っているとチャンスを逃す!
沈黙は相手を「不安」に誘う。

トーク例 example of talk

「今日ね、街で芸能人を見かけましたよ」「雨のほう、午後から上がるって天気予報でしたね」「電車混んでましたね」「今朝ね、駅でムッとしましたよ」「○○をご存知ですか?」

テクニック 6

反応の「よい人」か「悪い人」かをリサーチするつもりでアプローチする

見知らぬ人ばかりのパーティー会場では、ポツンと一人だけ、誰とも話さず所在なげな人の姿がちらほら目につきます。

「こういう場所は苦手だなあ」というオーラが漂っている人たちです。

そんな人たちは、誰かに話しかけたい、話しかけられたい――と心の中で思っています。

でも、自分からアクションを起こせないので開き直り、手持ち無沙汰《ぶさた》をもて余し、パクパク、ムシャムシャと飲食に走ります。

誰かと話さなければ――という義務感が強いと、誰にも話しかけられません。

緊張して、「自分をよく見せたい」という自意識でいっぱいになるからです。

ゲームのつもりで、反応の「よい人」「悪い人」のリサーチをしてみてはどうでしょう。

見た目で反応のよさそうな人を見つけ、**「どうですか? 今日のこの集まりは、なかなかの盛況ですねえ」**などと話題を振ってみるのです。

誰かと話したかった人は、きっと悪くない反応を示してくれるでしょう。

もし、反応の悪い人だったなら、**「ではまた」**と言って離れるだけのことです。

「誰かと話さなきゃ」の義務感でなく、**「ほっこりさせよう」**のサービス精神が大切です。

point

「話さねば」の義務感でなく「ほっこりさせよう!」のサービス精神で!

人と場を呑んでかかれば怖くない。

トーク例 example of talk

「今日は仕事を大急ぎで終えて駆けつけましたよ」「いやはや、今日は道に迷ってしまって。ここはすぐにおわかりでしたか?」「やっぱりなんですよねえ、近頃は○○ですかねえ」

7 テクニック

「取りつく島のない人」への対処法

A「あのう、営業企画部の仕事って、お忙しそうですが、何が一番大変ですか？」
B「あのね、企画を立てても、実施する段階であれこれ調整が必要になるでしょ。それが大変なんだよ」
A「へー、なるほどー。たとえば、それってどんなケースが考えられますか？」
B「どんなケースって、いろいろだよ。一概には言えないな」
A「はあ、そうなんですか……（冷汗）」
B「そう」

せっかく話しかけても、取りつく島のない返事をする人はよくいます。
会話がしぼんでしまい、あとは沈黙に流されるだけというパターンに陥ります。話しかけたほうは、あとからいろいろ悩みます。

「私のことが嫌いなのかな？」「虫の居どころが悪かったのかな？」「こういうタイプの人なのかな？」「話しかけ方が悪かったのかな？」……などと考えますが答えは出ません。

しかし、悩む必要はないのです。**たいてい相手も人見知りで、ちょっと偏屈になっているだけだからです。**

「失礼しました！」と早々に打ち切り、「少し気の毒な人」と思って次の機会を待ちましょう。

point

「冷たい反応」に落ち込まない！

世の中は「人見知りだらけ」と心得る。

トーク例 example of talk

「では失礼!」「それではまた」「なるほどねえ、そうでしたか」「ご無礼しました」「今度また聞かせて下さい」「おっといけない。では」「いろいろ大変ですよね。勉強になります」

8 テクニック

ネガティブに共感し続けると話題は袋小路に入り込む

昼休みに同僚と人気のラーメン店に入ったとします。

A「びっくりするほど濃厚な味わいのスープだね。これが人気の秘密なんだね」
B「いやぁ、塩分濃すぎで化学調味料てんこもりの味でしょ。大したことないよ」
A「え？　あ、そう……（冷汗）」

このようにネガティブ発言で一刀両断に返されると話がしぼみます。二の句が告げられなくなり、沈黙に陥る展開となります。

「そう言われればそうだよな」などと返すと、「だろ、ろくなもんじゃないよ、この店は」などと悪口で一時は盛り上がりますが、**ネガティブ発言に共感し続けると堂々巡りの袋小路にはまります。**

こんな場面では、相手の否定的感情そのものをポジティブ変換して、ほめてあげるとよいのです。

「なるほどー。さすがにきみはグルメだ。味覚が鋭いね」
「すごい分析力だね。きみのモノの見方には、いつも脱帽だよ」

それから、おもむろに話題を変えれば沈黙も避けられます。

「ところでさー、きみの好物の食べ物って何?」などと続けるのです。

point

ネガティブ発言でも、いったんポジティブにほめてあげる!
話題をしぼませずに広げるテクニックを磨く。

トーク例 example of talk

「なるほどー、さすがの観察眼だね」「そういわれるとホントそうだな。ところでさ」
「たしかに寒くてイヤになるね。なんだか寒い話をしてると、湯船が恋しくなるねえ」

テクニック9 相手の「何が好き」「何に興味があるのか」をターゲットにする

雑談では、相手の好きなことに話が及ぶと、とたんに相手は饒舌《じょうぜつ》になります。

A「ほう、ご自宅は埼玉県？　じゃ、毎朝何時ごろ家を出てらっしゃるんです？」
B「犬の散歩のため6時に起きますが、家を出るのは8時です。意外と遅いでしょ」
A「あっ、犬を飼ってらっしゃるんですか、いいですねえ。何犬ですか？」
B「ゴールデンレトリバーです。毎朝5キロぐらいは走らせてます」
A「ゴールデンレトリバーって、かしこい犬ですよね。盲導犬にも使われてて」
B「そうなんですよ、もう可愛くってね。ラッキーって名前ですが（ペラペラ）」

人は、自分の好きなこと、興味や関心のあることについて話が及ぶと嬉しくなります。

ゆえに、見知らぬ人との会話の際は、とりわけ相手の言葉に注意すべきでしょう。

会話中に、相手の好きなことがキーワードとして含まれていることが多いからです。

好きな事柄があると、会話の中に、その片鱗《へんりん》がつい顔を覗かせます。それをすくい上げると、相手は饒舌になるのです。

もちろん、事前に相手の好きなことがわかっていれば、そこから話を振ればよいだけです。

point

相手の好きなことにふれれば、自然と相手の口が緩む！

相手が「快」になるキーワードをひたすら探すべし。

トーク例 example of talk

「ペットの猫ちゃん、どうしてます？」「その後のお子さんの成長ぶりはどうですか？」「きのう、阪神勝ちましたね！」「最近ゴルフのほうはどうです？」「最近のおすすめの本は？」

テクニック 10

「切り口」を少し変えるだけで「無限の質問」が生まれる

話し下手や口下手を自認している人にとっては、会話中に訪れる**「沈黙」**は恐怖です。話に詰まり、気まずい**「沈黙」**が生まれると、「やばい！」「何か話さなければ！」など と焦り、ますます緊張するでしょう。**しかし、「沈黙」にあわてる必要はありません。**相手が次に話すことを考えるために間が開いてしまった場合もあるからです。

A「そんなわけで、イギリス滞在中は、英語ができなくていろいろ苦労しましたよ」
B「そうだったんですかー、それは大変でしたね」
A「ええ…………………………（沈黙）」
B「あの…………………………（冷汗）」

ここで「**沈黙**」が訪れました。この場合は、待っていても相手の言葉は出てきません。ひと段落ついたからです。

こんな時は、もう一度、話題を振り返ればよいのです。

つまり、今までの話題を掘り下げる形の質問をします。

「その後、英会話は上達しましたか？」

「ところで、イギリスの食べ物のほうはどうでしたか？」

もっと、聞かせてほしい――という姿勢を示せば、相手は難なく応じてくれるでしょう。沈黙が訪れたら、話題を振り返ればよいだけです。

point

「沈黙」が訪れてもあせらないこと！

今までの話題について異なる「切り口」で続きを促す。

トーク例 example of talk

「その後○○はどうですか？」「先ほど○○の話がありましたが、今でも続けてるんですか？」
「ところで、○○のほうはどうなりました？」「その続きが面白そうですね」

テクニック 11

話が弾むオープン・クエスチョンの法則

質問には、**「オープン・クエスチョン」**と**「クローズド・クエスチョン」**の2通りの型があります。

「お好きな食べ物は何ですか?」と尋ねるのは、自由に答えられる質問なので「オープン・クエスチョン」といいます。「和食と洋食ではどちらがお好きですか?」とか、「中華はお好きですか?」などと尋ねるのは、イエスかノーなど限定的にしか答えられない質問なので、「クローズド・クエスチョン」といいます。

人に質問する際には、自由に答えてもらったほうが話題はひろげやすいでしょう。

A「きみ、ゴルフはするの?(クローズド・クエスチョン)」
B「いえ、しませんが……」

A「あっ、そう、しないんだ。ええと……何かスポーツはするの？（オープン・クエスチョン）」

B「はい、実は毎朝マラソンで体を鍛え、年に2回はトライアスロンの大会に出てるんです」

A「へーすごいな、トライアスロンか！　筋肉モリモリなのかな？」

B「うふふ、一応、腹筋は割れてますよ。経験10年のベテランなんですよ（ペラペラ）」

クローズド・クエスチョンだと、返事が「はい」か「いいえ」となり、会話が止まりやすいので気をつけましょう。

point

「オープン・クエスチョン」が話題をひろげる！

自由に語らせる心配りを忘れずに。

トーク例 example of talk

「お好きな食べ物は何ですか?」「どんなご趣味をおもちですか?」「これってどう思いますか?」「どんなタイプが好みなの?」「○○って評判のほうはどうなんでしょうか?」

第2章

うなずき・相づち・共感・同調の「受け方テクニック」

課長も立派ですね見直しましたよ！
パチパチ
お前、部下だろ
えっ？

★目上の人をほめてはいけない！

テクニック 12

相手の「気持ち・感情」の部分を表現してあげる

相手の話を受ける時に、誰もが使っているのが**「共感の相づち」**です。

「へー」「そうなんだ」「なるほどね」「そうですか」……といった反応のことです。

話をきちんと受け止めていることを伝える——とても便利な言葉になっています。

ただし、単調に同じ相づちを繰り返していると、おざなりな印象にもなりかねません。

そこで、たいていの人は、こうした相づちに続く言葉を軽く添えるようにしています。

「へー、よくご存じなんですね」「そうでしたか、それは大変でしたねえ」などです。

「共感の相づち」は、相手の「気持ち」や「感情」に寄り添うことが大切です。

ゆえに、相手の話を聞いた時、何が一番のトピックになっているのか、それにともなう相手の「気持ち」や「感情」を言葉で表現してあげるとよいのです。

「息子が第一志望の大学に合格しましてね」
↓「そりゃ嬉しいねえ。親孝行な息子さんじゃないですか」
「先日トライアスロンに挑戦したよ」
↓「わあ、根性あるんですねえ、いったいどんな心境でまた？」
「残業禁止になってね、家でやる仕事が増えたんですよ」
↓「ええっ？　そりゃ大変だなー疲れるでしょう？」
「先週、ＦＸでね、一晩に50万円すっ飛んじゃったんだ」
↓「うわーっ、そりゃ大損害じゃないですか。大丈夫なんですか？」

すると、もっと話したい――という衝動に駆られるわけです。

point

「共感の相づち」で次々と言葉を引き出す！

相手の「気持ち」を表現してあげるのがポイント。

トーク例 example of talk

× 「きのう部長に怒られたんだ……」→「えっ？　何で？　どうして？」
○ 「きのう部長に怒られたんだ……」→「わ、そりゃ、気分悪いねー、大丈夫かい？」

テクニック13

相手の話の中の「キーワード」を繰り返せば好印象になる

会話を楽しいピンポンゲームのように続けるには、上手な「相づち」が欠かせません。「うなずき」や「相づち」の仕方が悪いと会話はしぼんでいくからです。

「へーそうなんだ。へーそう……」と気のないセリフの「相づち」はNGでしょう。また、ひたすら相手のセリフを急かして「それでそれで?」「で、どうした?」「え? え?」などと畳み込むような「相づち」をしていると、話し手の気分を害するでしょう。

「相づち」は、タイミングとどんな言葉を選ぶかが重要です。相手の話をしっかり興味深く聞いていますよ——というサインだからです。

最も無難でカンタンな「相づち」は、まずは「オウム返し」と心得ておきましょう。

A「社員旅行でフィリピンに行きました。海外旅行は初体験だったので緊張しまし

たよ」

B「えーっ、初体験でしたか、てっきり海外旅行のベテランなのかと思ってましたよ」

Aの最大のトピックは「初体験」です。

ここを伝えたいのが一番なのです。フィリピンでの出来事は、それからの話になりますから、まずはここに焦点を当てます。

「初体験」という言葉をオウム返しするからこそ、しっかり受け止めた印象になります。

よい「オウム返し」は、大事な「キーワード」を見逃さないことです。

point

同じ単語の「オウム返し」で相手の感情を受け止める！

返答に困ったときにも便利。

トーク例 example of talk

×「この時計、高かったけど…自分へのご褒美なんだ」→「へー高かったの、いくら?」

○「この時計、高かったけど…自分へのご褒美なんだ」→「ほう、ご褒美ですか。いいですねー」

テクニック14

「驚き」が大きいほど相手の満足感も深くなる

自分の話したことで、相手にビックリ仰天される——と嬉しくなります。

A「趣味で発明した台所用便利グッズの特許が、50万円で売れたんですよー」

B「ひゃーっ！　ホントーっ？　そりゃーすごい、うらやましい話だねえ！」

A「うちの会社も、どうやら外資に買収されるらしいんだよ……」

B「えーそうなんですかーっ！　初めて聞きましたよ！　外資に買収されるなんて」

目一杯の驚きを表明すると、もっと詳しい情報も聞かせてくれるでしょう。

どんどん話してもらうには、最初の「驚き」こそが肝心です。

ただし、相手の身の上に起きた不幸の話には、騒々しい「驚き」の表明はふさわしくありません。

事故に遭って怪我をしたという相手に、「ええーっ！　ホントですかーっ！」では、いたずらに騒ぎ立てているだけの軽薄な印象にも映ります。

この場合には、「え？」と小さく驚き、「気の毒に思う気持ち」で寄り添うことが大切です。

「その後のお加減はいかがなんですか？」などと続けます。

point

「驚き」の声で強い好奇心を示す！

一番驚いてほしい部分に驚き、共感する。

トーク例 example of talk

×「スマホを紛失しちゃって…」→「ええーっ？　何やってんだよ、バカだねーっ!」

○「スマホを紛失しちゃって…」→「えっ？　そりゃ大変だ、気の毒にー困ったねぇ…」

15 テクニック

「いや」「でも」「しかし」「だけど」の逆説の接続詞はタブー

「うんうん。それってよくわかるよ」

このように、自分の話が「理解」されると安心します。

自分の考えが支持され、「間違っていなかった」と思うと自信をもてるのです。

人とのコミュニケーションには、こうした「理解」の表明が欠かせません。

考え方に少しぐらいの差異があっても、多少の異論があってもかまわないのです。

まずは、肯定的に受け止めないと、微妙な雰囲気にもなりかねないからです。

A「……という風に私は考えます。そのほうが合理的だし、何より安上がりです」

B「いや、でもさあ、それって長期的に考えると、あんまり効率的とは言えないんじゃないの？」

A「あのね、だからさ、さっきから説明してるでしょ。この話は、はじめにコストありきの選択だって（怒）」

「でも」「だが」「しかし」の逆説の接続詞をつけると相手は警戒します。これから、反対意見を述べますよ――という「宣戦布告」だからです。

まずは、「よくわかります」「なるほどそうですね」「同感ですね」と受け止めましょう。

異論がある場合は、そのあと「二、三、質問してもいいですか？」と付け加え、相手の考えの弱いところにふれるだけでよいのです。

それなら相手も冷静に対応してくれるはずでしょう。

point

「理解している」という言葉で共感を示す！
考えが自分に似ていると、人は安心する。

トーク例 example of talk

×「昼はラーメンにしようか?」→「いや、でも…。きのうもラーメンでしたよ、先輩…」
○「昼はラーメンにしようか?」→「いいですねー。先輩はホントにラーメンお好きなんですね!」

16 テクニック

「感謝」の言葉は相手の心を安定させる

人から感謝の言葉をもらうと嬉しくなります。

相手の自分への信頼が、確認できた思いにもなるからでしょう。

そのせいか、電話やメール、あるいは訪問先での冒頭の挨拶には、たいてい「いつもお世話になっております」というフレーズが使われます。

しかし、「いつもお世話になっております」の言葉は省略型です。

本来は、「**いつもお世話になり、ありがとうございます**」です。

言葉はきっちり伝えたほうが心もこもります。

誰かに挨拶した時に、すぐにも「**その節はどうもありがとうございました**」とか「**あの時は本当に助かりました**」と、先にお礼の言葉を返されると、とても嬉しいものです。

面白いことに、感謝してくれる人に対しては、その人の気持ちに反する態度はとれなくなるのです。

心理学でいう**「ピグマリオン効果」**です。

人は期待されるとその期待に無意識にも応えようとしてしまうからです。

したがって、**「いつも親切にありがとうございます」**と、先に礼を言うと相手は親切にしてくれます。

また、**「いつも仕事が早くて助かります」**と、先に礼を言うと、相手は迅速に仕事をしてくれるものなのです。

point

「感謝」の言葉で距離を縮める!

感謝の言葉は信頼を増幅させる最強のメッセージ。

トーク例 example of talk

× 「ついでで悪いんですけど、これも一緒にやってくれませんか? いいでしょ?」

○ 「細かい仕事をいつもありがとうございます。今回もまた細かいんですが…」

テクニック17 目下の人が目上の人を敬う時に使うと効果的なフレーズ

謙譲語は、自分を謙遜《けんそん》し、へりくだる言い方になります。

「申し上げます」「伺う」「参る」「差し上げる」「ご案内する」などが代表的なものです。

これらは、自分側を低める言い方によって、相手側を高め敬意を表します。

ゆえに、相手がへりくだった「相づち」で応じてくれると自然に心も和むのです。

とりわけ、自分より目上の人を「賞賛」する場面などでは気をつけましょう。

本来、「ほめる」という行為は、目上の人が目下の人に対して行うものだからです。

つまり、上から目線の物言いになりかねないわけです。

部下が上司に「社長はスゴイですねえ」「部長はさすがですよ」「課長は立派ですねえ」などと言うケースはよく見受けられますが、**本来はＮＧなのです。**

大人のあなたが、小学生に「スゴイじゃん」とほめられたら、「このガキ生意気だな」

と思うことを考えれば合点がいきます。

「感心しました」「参考にします」「ご苦労様です」も、上から目線か、対等に聞こえかねませんから、**本来はNGなのです。**

こういうケースでは、次のように謙譲的表現で言います。

「社長には敬服いたしました」「部長には感銘を受けました」
「課長のお話は勉強になります」「私には思いもつかないアイデアです」

目上の人に対しては、自分の側をへりくだる言い回しが大人の作法になるわけです。

point
「謙遜・へりくだり」で相手をもちあげる！
腰を低くするほど話は引き出せる。

トーク例 example of talk

×「部長、ゴルフの腕前が一段と上がりましたね。才能が、おありなんですね」
○「部長、私はどうしたら部長のようにゴルフを上達させることができるのでしょうか？」

テクニック18

相手を爽快にする「賞賛」「感嘆」の相づち

昭和の高度経済成長期、高級社交場だったクラブやキャバレーを、大衆チェーン店化し、一世を風靡《ふうび》した傑物経営者に、「キャバレー太郎」の異名をとった福富太郎さんという方がいます（絵画コレクターとしても著名）。

当時、地方から出てきたばかりのホステスさんたちは、口下手のため、席に着いた男性客とどう話してよいのか戸惑うばかり。そこで、福富さんが考え出した接客話法が**「スゴイ・素敵・さすが」の３語でお客の会話を受け止めろ**――という作戦だったのだそうです。

お　客「いやあ、今日は仕事が忙しくて大変だったよー」

ホステス「スゴーイ！　お客さん、今日はお仕事お忙しかったのね」

お　客「やっぱ仕事のあとのビールはうまいなあ……（ゴックン）」
ホステス「素敵！　お客さんのビールの飲み方！」
お　客「きみ、名前なんていうの？　なかなか可愛いじゃん、指名してあげるよ」
ホステス「さすが～！　お客さん、嬉しいなあ。あたしミカコって言いま～す」

「スゴイ・素敵・さすが」の「相づち」だけでもなんとかなるのです。
周囲に人がいると「おべんちゃら」に聞こえかねませんが、一対一なら、相手の心を和ませ、弾ませるのに効果的です。

point
ストレートな「賞賛」と「感嘆」で相手の気持ちを高揚させる！
一対一の場面で効果的。

トーク例　example of talk

×「俺は九州男児、酒は強いよ」→「へーっ、九州の人って、お酒強いんですか?」
○「俺は九州男児、酒は強いよ」→「スゴーイ!　九州男児!　お酒強いなんて素敵ーっ!」

19 テクニック

話し手を「その気」にさせる聞き手になるには

人は、自分の好きなこと、興味・関心のあることを話している時が一番幸せです。人の話を聞くよりも、自分の話を聞いてもらうほうが好きなのです。

ですから、口下手の人も、話し下手だと自認している人も、安心してよいのです。相手の話さえ、うまく引き出せれば、あとは相手が勝手にしゃべってくれるからです。

自分が気分よく話をしている時、相手の態度でイヤだな——と思うのは、相手が腕時計をチラ見して時間を気にしていたり、目線がこちらに向けられず、どこかに泳いでいたりすることでしょう。

あるいは、こちらの話をさえぎり、いきなり相手が話をはじめる場面でもあります。

こちらの話が退屈なのだな——と思ってしまうと、話す気力も失せるでしょう。

もちろん、相手の反応におかまいなく、自分勝手に話をしているほうも悪いわけですが、いずれにしろ会話はキャッチボールです。

一方だけがボールを持ったまま、ひとり戯れていたのではコミュニケーションに齟齬《そご》をきたします。

心がけたいのは、それらとは逆の対応をすることです。

身を乗り出して、**「それでそれで？」「それからどうなりました？」「続きを聞かせてください」**と催促するのは、絶妙の相づちになるわけです。

point

「催促」で話の続きを引っ張りだす！

身を乗り出されると誰もが嬉しくなる。

トーク例 example of talk

× 「それから2軒目の店に行ったんだ」→「ふうん。また行ったんですか?」

○ 「それから2軒目の店に行ったんだ」→「それでそれで、その2軒目はどうでした?」

20 テクニック

カンタンな「質問」ほど相手の心を和ませる

自分の話に興味をもたれて質問されると気分がよくなります。

とりわけ、一番強調したい部分への質問をされると心弾む思いにもなります。

しかし、答えにくい、むずかしい質問を投げかけられたのでは困ります。

しばしばそこで、話題がとん挫してしまうからです。

A「先週、ニューヨークに遊びに行ったんだけど、物価が高いなって感じたよ」

B「デフレの日本とは違うんですね。日本を100とするとどのぐらいですか？」

A「え？　日本を100…？　うーん、どのぐらいだろ、わかんないなあ…」

いきなり、むずかしい質問をされたのでは、言葉に詰まります。

人は、質問されると、答えなければと、無意識にその質問内容に集中します。

答えられればよいのですが、答えられないと責められた気になり、あわててしまいます。

議論で攻勢の時、相手に「なぜ、そう思うのですか?」と切り返されると、攻守が逆転し主導権を奪われますが、それと同じことを会話でしてはいけないのです。

単純に「**何が高かったんです?**」と聞けば、「レストランの値段がねえ」と続いたのです。

カンタンな質問が、話を弾ませるのです。

point

カンタンな「質問」で話題を掘り下げる!

答えにくい質問はNG。

トーク例 example of talk

× 「STAP細胞の小保方さんてスゴイよね」→「iPS細胞との違いは、ご存じ?」→「え?」

○ 「STAP細胞の小保方さんてスゴイよね」→「最初は信じてもらえなかったってね?」→「そうそう」

21 テクニック

やんわりおだてられるとほっこりする

人は、お世辞だとわかっていても、おだてられると口元がほころんできます。**ウソでもほめられると、悪い気がしない——というのが人間なのです。**

ただし、あまりしつこく、おべんちゃらを言われ続けると、だんだん馬鹿にされているな——と感じて怒り出すのも人間です。お世辞はほどほどがよいのです。

A「つまり、これらの部分への改良で、従来の性能がグンとアップしたわけです」
B「いやあ、わかりやすいです。鈴木さんは、技術面にもお詳しくて頼もしいなあ」
A「いやあ、技術面は、ちょっとかじっただけで大したことないんですけど……」
B「そうですか？　うちの会社の人間は、みんな鈴木さんの博識に感心してますよ」

A「え？（笑）、そうですかー、いやあ、それは買い被られちゃって…」

このようにストレートにほめるだけでなく、伝聞の話として「**みんながスゴイと言ってますよ**」などと間接的に伝えるだけで信憑性が増します。

「**部長がきみのこと、仕事ができるってほめてたぞ**」などと、たとえウソを伝えたとしても、「部長」も「伝達した人」も好印象になるのです。

心理学でいう「**ウィンザー効果**」で、直接ほめるよりも嬉しくさせる効果が高いのです。

point

「伝聞の話」で水を向ける！

「よい評判」を伝えられると嬉しくなる。

トーク例 example of talk

× 「素晴らしい仕上がりだね。きみ天才でしょ!」→「え？ いやその…（なめられてるな）」

○ 「あなたに任せてよかったとみんなが言ってます」→「あ、ありがとうございます!（嬉）」

22 テクニック

相手の自尊心を重んじて「関係」を固定化する！

人の話を聞いていると、時々、その知識や経験にハッとさせられることがあります。そんな時は、すぐにも教えを乞い、**「先生と生徒」**のような関係を築きましょう。

A「ホラ、これで解決です。私も以前、SEやってたんで、これぐらいはまあね…」
B「え？　山崎さんって、SEやってたんですか？　そりゃスゴイじゃないですか」
A「いや別にすごくないですよ。仕事がシンドくて転職したぐらいだから」
B「いろいろ教えてください。実はいま、顧客の属性分類で問題抱えてるんですよ」
A「もちろん、いいですよ。私でよければ、ソリューションしますよ」

*　*　*

A「たとえば、ラテン系言語では、ヘルメスじゃなくエルメスってHを発音しないでしょ」
B「あ、なるほど。森山さんて、ラテン語もお詳しいんですか？」
A「まさかー。でもフランス語とスペイン語は少しかじりましたよ」
B「わあ、すごい。私、いまフランス語をやり始めたんです。いろいろ教えてください」
A「そうでしたか、フランス語は男性・女性名詞、すべて冠詞付きで覚えるといいんですよ。やってますか？」
B「なるほどー、そうなんですか。冠詞付きで。勉強になりますねえ」

point
「教え」を乞うことで親密になる！
「先生と生徒」「師匠と弟子」の関係を即座につくる。

トーク例 example of talk

×「へえ、意外と詳しいんだ、やるじゃん!」→「え？　まあね…（ケ、なめられてるな）」
○「スゴイ!　先生と呼ばせてください!」→「え？　いやあ、それほどでも…（嬉）」

23 テクニック

へりくだってお伺いを立てる姿勢が「好感度」につながる

「教え」を乞うことで、相手の胸襟《きょうきん》は開かれます。

もうひとつ、似た方法に**「相談」をもちかける**という形があります。

相手の話を受け止めるうち、ふと思いついたことを、すぐに相談するのです。

「相談」は、ふつう年長者や経験者にアドバイスを求める形なので、相手に傾倒する姿勢が顕著に表されます。事前に「相談内容」を考えておくのでもよいでしょう。

A「新入社員時代は、ずいぶん失敗を重ねたよ。敬語を間違って使ってたとか」
B「へー、吉田さんでも、そんな失敗があったんですかー、信じられないですね」
A「注文を入力し忘れ、先方に製品が届かなくて大騒ぎになったこともあるよ」
B「わ、それ、怖いですね。そういうのは、どうしたら防げます？」

A「それはカンタン。自分で注文を受けずに、注文は必ずメールで入れてもらうようにすることですよ」

B「なるほど、それが一番ですね。あのう、他にもご相談なんですが、わがままな得意先はどう扱ったらいいんでしょうか?」

A「それはね、その場で断る勇気をもつことなんだよね。きっぱり断らないと相手が癖になっちゃうからね」

B「なるほど! 勉強になります。これからも相談させてください」

ちょっと苦手な人に近づく時にも、「相談」の体裁をとると、スムーズにアプローチできます。

point

「相談」をもちかけることで味方をつくる!

相手への尊敬が距離を縮める。

トーク例 example of talk

× 「課長、○○の件でアドバイスをください」→「ん? (なんか対等の口利きだな)」
○ 「課長、○○の件でご相談したいことが…」→「お? いいよ。どうした? (好感)」

24 テクニック ちょっとした言葉を見逃さずに「すくい上げる」

自分が何気なく発した言葉で、**「その言葉すごくいいですね」**などと、相手から感動されると面映ゆいものがあります。そんな指摘をされると、あらためて自分でも「いいことを言ったんだ」と思わず納得してしまうでしょう。

自尊心が満たされますから、気分がみるみるよくなっていきます。

「その言葉いいですね」は、文字通りキラーワード（殺し文句）になっているのです。

相手が気の利いた言葉を発した時には、それを指摘しただけでも会話は盛り上がっていきます。言葉を見逃さずにすくい上げるワザを心得ておきましょう。

A「大体、近頃の若者は、辛抱が足りないよ。『足るを知る』ってことが大事だろ？」

B「なるほど、『足るを知る』ですか。それ、いい言葉ですね、なんか、とっても心

に響きます」

A「え？　心に響いちゃった？　そうか、そうだな、うん。いい言葉だよな」

B「今の時代は、何でも揃ってる便利な時代ですもん。それを自覚する意味でも、いい言葉ですよね。もっと感謝しないといけないんですよね」

A「うん、そうなんだよ。まったくその通り。きみのほうこそ、いいこと言うじゃないか」

B「いえいえ、いい言葉を聞かせていただいたからですよ。勉強になります」

point

相手の言葉に「感動」を表明する！
自分の発言を讃えられると気分爽快に。

トーク例 example of talk

×「部長、気合い入れろ——ですか。いい言葉ですね」→「ん？（なめてんのか、コイツ!）」
○「部長、気合い入れろ——ですか。はい。肝に銘じます」→「うむ。気を引き締めてな（好感）」

25 テクニック

「全体像」から「承認欲求」を満たしていくアプローチ

はじめて出会った人との会話は、なかなか気づまりです。

お互いに相手のことをよく知らないので、どこまで踏み込んだ話をしてよいのか、とまどいのほうが先にくるからでしょう。

そんな時はまず、**さらりと相手の全体像を肯定的に受け止めてあげる言葉が、リラックスした雰囲気を作り出すのに効果があります。**

人には「認められたい・ほめられたい」という「承認欲求」があるからです。

A「はじめまして、IT関係の会社に勤める山崎と申します。どうぞ、よろしく」

B「いやあ、山崎さんとおっしゃるんですか、IT関係とは、最先端のお仕事なんですね。あ、私は加藤と申します」

A「加藤さんは、お仕事はどういった関係なのですか？」
B「金融関係です。ズバリ、銀行員をやっております」
A「さすが信用第一のお仕事をなさってる雰囲気ですね。お目にかかれて嬉しいです」

こんなふうに、お互いの全体像から、相手の存在感を讃える言葉を見つけていくとスマートです。**「むずかしそうなお仕事ですね」「さすがの雰囲気ですね」**などと言われると和《なご》みます。

抽象的で構わないので、全体的な印象を讃える言葉をつねに準備しておくと、いつでも場をほぐすのに使えて便利です。

point
相手との「出会い」そのものを喜ぶ！
相手の存在価値を見いだす「ほめワード」を探す。

トーク例 example of talk

×「学校の先生でしたか。そういえば、そういうキャラですね」→「キャラ?」
○「学校の先生でしたか。格調高いオーラを感じましたよ」→「え?　そう（嬉）」

26《テクニック》

できるだけ「多くの括り」が望ましい

見知らぬ人同士が、一気に親しみを覚え、盛り上がる瞬間があります。

それは、お互いの共通項や類似性を発見した時です。

A「私は、九州の出身でして……」

B「え、九州でしたか？　私も九州ですよ。熊本なんですが……」

A「えっ、熊本県？　私も同じ熊本ですよ！　いやぁ、同県人ですか。嬉しいですねえ！」

B「こんなところで同県人に会えるなんて、これも何かのご縁ですよねえ」

出身地が近い、出身校が一緒、趣味が同じ、名前が似通っている、好きなテレビ番組、ひいきのタレントが共通……などなど、**「括《くく》り」は何でもかまいません。**

相手に自分と共通したり、似通っている点を見出すと、人はにわかに親しみを覚えてしまうのです。

心理学でよく知られた**「共通項・類似性の原理」**です。

見知らぬ人同士の会話では、自分と相手との「括り」を、できるだけ早く見つけるようにするとよいのはこのためです。

これから近づきになりたい人がいるなら、事前リサーチで相手との「括り」をできるだけ多くチェックしておくとよいでしょう。

point

相手との「共通項・類似性」を見つける！

似た者同士で親近感が湧く。

トーク例 example of talk

× 「高校時代はサッカー部でした」→「ふーん、私は野球部。甲子園ダメだったけど」→「そう…」

○ 「高校時代はサッカー部でした」→「私も中学時代サッカー部ですよ」→「おおっ　そうなんだ（嬉）」

第3章

つかみはＯＫ！出会い頭の「話しかけテクニック」

お久しぶり！髪型変えましたね！
スポーティーになりましたよ
えっ？そう…？前と同じなんだけどね
てへへ

★自分への「観察・評価」は嬉しい！

27 テクニック

挨拶に添える言葉が会話の「キッカケ」をつくる

出会い頭では、声を発し、**何らかの「挨拶」が必要だ**とすでにお伝えしました。

「こんにちは」「どーも」「やあ」「すみません」などの声かけが安心感を与え、反対に無言で沈黙していたり、無視する態度が、「不安」を感じさせるからです。

ところで、挨拶に続く言葉には、快晴の時の「いいお天気ですね」があります。「いいお天気ですね」と言えば、たいてい「そうですね」という反応が期待できます。

心理学では、場の空気や人の言動に調子を合わせることを「**ペーシング（同調反応）**」といいます。

ゆっくり話す人にはゆっくり応じ、笑顔で話す人には楽しそうに応じ、悲しみにくれる人には神妙に応じ、何かで怒っている人には一緒に怒るのがペーシングになります。

つまり、意識的に「そうですね」とペーシングするのは、その場にいる人や相手に対して、無意識レベルでの調和や一体感を感じてもらい、安心させるために行っているわけです。

面白いことに、人は、最初に「そうですね（イエス）」と肯定的反応を示すと、以後もずっと肯定的反応を続けていきたいという習性がはたらきます。また逆に、何かで「ノー」の反応を示すと**（ディスペーシング・反同調）**、ずっと頑《かたく》なに「ノー」を貫きたくなります。

これが心理学で有名な**「一貫性の原理」**ですが、「いいお天気ですね」と声かけするのは、**「イエス」という肯定的反応を最初に得るため**の重要な儀式になっているのです。

肯定的なペーシングが続けば、良好なコミュニケーションが得られます。

point

「天気」を話題にする基本テクニック！

「肯定的反応」が得やすい話題をもち出そう。

トーク例 example of talk

×「こんにちは。今日は風が強くて笑っちゃいますね」→「え？（何言ってるんだ？）」
○「こんにちは。今日は風が強くて参りますね」→「ええ、花粉症の身にはツライです」

テクニック28 肯定的な「相づち」を多く取り交わすようにして「イエスセット」を構築する

「天気」と同様、よく使われる話題に「**季節（暦）**」をネタにした声かけがあります。

これも、「天気」の話題を振るのと同じく、「**そうですね（イエス）」の肯定的な反応が得やすいからです。**天気の話題に続けて、そのまま話を広げていく場合に最適です。

A「どーも、こんにちは、今日はいいお天気ですね。もうすっかり春ですね！」
B「ホントですね（イエス）。まだ3月に入ったばかりなのにポカポカ陽気です」
A「春といえば（イエス）、来月は新入社員が入るので、忙しくなりますわ」
B「ほほう、そうですか（イエス）。というと、お仕事は人事関係？」
A「ええ、そうです（イエス）。スーパーなので人数が多いんです」
B「そりゃ大変ですね（イエス）、新入社員は何人ぐらいですか？」

このように、**お互いが最初に肯定的反応（イエス）を交わす**ことで、相手への自然なペーシングが続いていきます。これを「**イエスセット**」と呼んでいます。セールスマンが、お客に「イエス」と答えさせる質問をして近づく手法と同じなのです。

「生命保険はお入りですよね？」→「はい（イエス）」
「掛け金が少なく、保障が大きいのがいいですね？」→「はい（イエス）」
「今回、とてもいい保険が出たんですよ」→「ほう、そうなの（イエス）」

point

「季節（暦）」を話題にする基本テクニック！
年月日、春夏秋冬などの季節ネタでイエスセットを。

トーク例 example of talk

× 「こんにちは。そろそろ梅雨入りですね」→「いやいや、まだ早いでしょう（ノー）」
○ 「こんにちは。暦の上では梅雨なのに雨降りませんね」→「ホントだねー（イエス）」

29 テクニック

さりげない「ほめ」が相手の心を開かせる

初対面の相手に対し、挨拶もそこそこに、**「背が高くてうらやましいですね」「素敵なポーチをお持ちですね」**などとサラリとほめる人がいます。相手の**「見たまま」**のよいところを瞬時に発見し、自然な形で口をついて出た言葉だと、嬉しくなります。

もちろん、ほめるのは、なるべく相手の立場が自分と同等か、自分より目下の場合と心得ておくべきです。自分より目上の人に、「素敵なポーチですね」「いい腕時計をお持ちですね」などと評価を下すのは、生意気で失礼に思われることもあるからです。

ただし、女性が男性をほめる場合や、男性が女性をほめる場合は、目下の人からでもOKです。異性からほめられるのは本能的快感を呼ぶからです。

なお、男性の持ち物には当人のアイデンティティーが及んでいる場合が多いものです。

いわば、仕事や人生で成功した証という「戦利品」としての意味合いです。ゆえに、持ち物にこだわりがありそうな男性には、持ち物をほめるとよいのです。

ちなみに、**男性には持ち物などのほか、仕事の成果などの「結果」を、女性には「プロセス」をほめるのが肝です。男性は狩猟本能、女性は採集本能が刺激されるからです。**男性には「ご高名はかねて……」、女性には**「フォローがお上手だと伺ってます」**という具合です。

誰もが、さりげなくほめられると嬉しくなり、「実はこれね……」などと由来を語りはじめてくれたりするでしょう。

相手の口を緩めさせる「ほめ」の効果は強力なのです。

point

相手の「見たまま」をほめる！
すばやく「いいね！」ボタンを押す要領。

トーク例 example of talk

×「部長、いい時計してますね。高かったでしょう?」→「ん?（大きなお世話だよ!)」
○「部長は、時計などにも造詣が深くてらっしゃいますね」→「ふむ、きみも目が高いな（嬉)」

30 テクニック

人は自分に一番関心があり「自分の変化」については興味津々

以前会ったことのある人と、再び一緒になることがあっても、相手のことをよく知らないと、初対面時と変わらない状況で会話も弾まないものです。

そのため、「こんにちは、ご無沙汰でした」と挨拶したあと、何を話せばよいやら雑談のネタにも困ります。

そんな気まずい沈黙は、できれば避けたいのが大人の分別でしょう。

こんな時、覚えておくとよいのが、**相手の「過去と現在の比較」**の話題です。

太っている人には、「**少し、お痩せになりましたか?**」「**前より背が伸びましたか?**」など、細身の人には「**以前より筋肉質になられました? 何かスポーツでも?**」などと、ちょっと相手が喜びそうなことを言ってあげましょう。

もちろん、過去の相手のことなど、まるで覚えていなくても大丈夫です。

「髪切りました？」などと指摘するだけで、相手は自分をよく見てくれている人——ということで嬉しくなるからです。人は誰でも自分のことが大好きで、多かれ少なかれナルシストだからなのです。

「いえいえ、ダイエットはしてますが、なかなか痩せなくて」とか「いや、前より5キロも太っちゃって」などと、相手のほうがボヤいて自己開示してくれたりするでしょう。

以前会ったことがあるだけに、それが話題となってひとしきり雑談も盛り上がるのです。

point

相手の「変化」を指摘する！

再会時に観察力をアピールする。

トーク例 example of talk

× 「お久しぶり。ずいぶん、お太りになられましたね。大丈夫ですか?」→「え? (大きなお世話だよ!)」
○ 「お久しぶりです。恰幅がよくなられましたね。うらやましいです」→「え?　そう? (嬉)」

31 テクニック

「その場」の現況にふれることでも話題になる

雑談のキッカケで多いのは「天気・季節・その場」の話題です。

A「や、どうも（挨拶）。今日はいいお天気でした（天気）、ポカポカ陽気で（季節）」

B「ホントですねえ（同意の相づち）。桜の開花も早くなりそうですしねえ（季節）」

A「ここに来たのは初めてなんですよ（その場）。結構、盛況なんで驚きました」

B「あ、初めてでしたか、たしかに、今日はとりわけ盛況ですよ（その場）」

A「やはり、陽気がいいと（季節）、人の集まりもよくなるんですかねえ（その場）」

B「そうかもしれませんねえ。寒いと出不精になりますからねえ」

こんな感じで、話がつながればスムーズでしょう。

雑談には、目的もなければ、内容の制約もありません。
お互いを近づけるコミュニケーションの潤滑材であればよいものです。
ゆえに、出会い頭の雑談は、こうした当たり障りのない話題になります。
そのあと、自分の紹介につなげられれば、さらに距離感を縮められることでしょう。

A「あ、申し遅れましたけど、私は高橋といいます。住宅関連の仕事をしております」
B「あ、私は、杉本です。百貨店勤務です。よろしく。最近景気のほうはどうですかね？」

point
「その場」の話題から「自己紹介」につなぐ！
その場の現況に自分を重ねる。

トーク例 example of talk

×「こんにちは。初めて来ましたけど、ここってつまらないですねー」→「え？　あ…そう（沈黙）」
○「こんにちは。初めて来ましたけど、ここって楽しいですねー」→「ですよね！（好感）」

テクニック32

「姓」を呼ばれ「気遣い」を示されると親近感が湧いてくる

初対面の相手との距離を縮めるうえで、大切なのは「自己紹介」です。

「こんにちは」の挨拶のあと、お互いが緊張している時には、「天気・季節・その場」の話題で間合いをとり、少し雰囲気をほぐしてからの「自己紹介」がスムーズでしょう。

姓を名乗る瞬間は、改まった口調となり、お互い堅苦しい雰囲気にもなるからです。

雑談時の自己紹介は、5～10秒程度のカンタンなものを考えておきましょう。

「申し遅れましたが、機械メーカーで設計担当の遠藤と申します。出身は沖縄です」

ちなみに、簡潔に自分を紹介するバージョンだけでなく、趣味や経歴を取り入れた30秒程度のバージョンも作っておくと、会合などでとっさに指名された時に重宝します。

「自己紹介」で相手の姓がわかったなら、忘れないためにも、親しさを演出するうえでも、話しかける時には、**できるだけ相手の姓を呼ぶようにすることです。**

相手の姓を呼べば呼ぶほど、親しみも湧いてくるからです。

また、そのまま姓を呼びかけてから、相手への気遣いを示すことも大切です。


「遠藤さんは、沖縄のご出身ですか。家族で帰省される時は大変ですね」

「遠藤さんは、こちらの会場はすぐにおわかりになりましたか？」

「遠藤さんの機械の設計は、難しいこともいろいろありそうですね」


こういうパターンを覚えておくと、短時間で打ち解けやすくなるのです。

point

「自己紹介」から「気遣い・気配り」につなげる！

相手の姓を呼ぶほど相手との距離を縮められる。

トーク例 example of talk

×「申し遅れましたが、東証一部のフジヤマ精器に勤める山本です」→「ああそうですか…」
○「申し遅れましたが、精密機器の会社に勤める山本です」→「私は食品メーカーの鈴木です」

テクニック 33

会話が途切れたら「昔の話」「子供時代」の話で盛り上がろう

「過去」「現在」「未来」の話題のうち、どれが一番馴染みやすいかご存じですか。

・過去の話題「あなたは子供の頃、将来何になりたかったですか？」
・現在の話題「あなたが今、実現したいと思っていることって何ですか？」
・未来の話題「将来について、どんな夢をもっていますか？」

見知らぬ人にこんな質問をされ、**すぐに答えられるのは子供時代の夢ぐらい**でしょう。「Jリーガー」「漫画家」「ケーキ屋さん」「警察官」……いろいろ浮かんできます。

しかし、**過去**ならともかく、現在のこととなると、どこまで見知らぬ人に語ってしかるべきか戸惑います。

ましてや、未来のことだと、さっぱりイメージが湧かない――ともなりかねません。

会話に詰まった時は、過去の話題を振ると一番盛り上がれるのです。

A「ところで山崎さん、子供の頃、一番楽しかったことは何でした？」

B「え？　子供の頃？　小学校では野球だったかな。リトルリーグに入ってて夢中だったからね」

A「じゃあ、マジで甲子園を目指してたとか？」

B「もちろん、はじめの頃はね。だけど、周囲にうまい少年が大勢いてねー。中学の頃には諦めてたんだけど（ペラペラ）」

point

「昔の思い出」「学生時代」「子供の頃」の過去の話題を振る！

誰しも過去の話題が一番語りやすい。

トーク例　example of talk

×「老後のこととかって何か考えてます？」→「まさかー、まだ私は28歳ですよ」

○「今までで一番モテたと思えるのはいつ頃？」→「うーん、中学ぐらいがピークかな」

34 テクニック

いつでも語れる「ドジネタ」を仕込んでおく

コミュニケーションを深める上で、欠かせないのが「自己開示」です。
自分の素の「感情」や「本音」を表わさないと、人は親しみをもてないからです。

建前ばかりの、よそよそしい会話を続けているだけだと相手との距離が縮まらないことは誰もが経験しています。自分のことを語り、そこに「喜怒哀楽」といった感情が込められていると、同じ人間としての安心感がひろがるのです。

ただし、次のように自分の屈折した負の感情をぶつけたのでは引かれます。

「営業成績全国第1位で表彰されたんですけどね、賞金がたったの1万円なんすよ」
「さっき歩いてたら、暴走自転車に出食わして、突き飛ばしたろかと思いましたよ」

自慢話だったり、怒りの感情露出には、心からの「共感」はできません。**雑談で自分を語るなら、ちょっとした失敗談などの「ドジな話」のほうが共感を得やすいのです。**

ここぞという時にサラリと語れる「ドジネタ」を仕込んでおきましょう。

★「コンタクトを片目に2枚つけ、立ちくらみしたことがあります」

★「そそっかしくて、ビオレで歯を磨いてたことがあります」

★「プレゼンで緊張すると、語尾が『ごじゃります』になるんです」

point

「ドジな失敗談」を披露する！

自分の弱点を話題にしてクスッと「笑い」が取れれば大成功。

トーク例 example of talk

×「私、外回りの営業職なので、サボリは得意ですよ」→「えっ？（ドン引き!）」

○「私、お客さんの名前を間違って呼んでたことがあります」→「そりゃ焦るね（笑）」

テクニック35

相手が話題の「間口」を拡げたら見逃さない

話し上手は、「聞き上手」とは、よくいわれることです。

相手が話したいことを、スムーズに話させてあげるだけで、「あの人との会話は楽しい」という印象になるからです。

相手の話を導くうえで、上手な「相づち」や「うなずき」は欠かせません。

そのうえで、相手の話の中から注意深く、**どこに相手の「好きなこと」や「興味・関心」があるかを探っていくことが重要なのです。**

相手が話題の「間口」を拡げたら要注目になります。

A「背が高くていいですねえ。学生時代は何かスポーツを？」

B「中学時代はバレー部、高校からバスケです。大学は映画研究会でしたけど」

身長ネタからスポーツネタへ話をが及ぶのは、よくあるパターンです。

しかし、こんな時に気をつけたいのは、背が高いことからの「スポーツネタ」から、Bの本音が離れたいと思っている可能性もあることです。

スポーツネタの話題を受け止めて語るなら、バレーボールやバスケットボールについてのみ触れればよいわけですが、大学時代はわざわざ「映画」と間口を拡げ、付け加えているからです。

「なぜ映画？」と聞きたいところですが、こんな時には**「へえ、映画にもお詳しいのですか？」**などと軽くすくい上げてみるとよいでしょう。

映画好きなら、とたんに饒舌になるはずだからです。

point

相手の「興味・関心のヒント」を見落とさない！
「話し上手」より、「聞き上手」を目指す。

トーク例 example of talk

× 「ペットは、犬や猫もいいけど、観賞魚もいいよね」→「きみは犬と猫のどっち派？」
○ 「ペットは、犬や猫もいいけど、観賞魚もいいよね」→「お！　観賞魚も飼ってるの？」

テクニック36

ニュースや世の中の大きなキーワードから相手の懐に入り込む

会話の相手の職業がわかっている場合には、それに付随した大きな話題を振ることが多いでしょう。「仕事」に関わる世の中の話題は、「世間話の定番」でもあるからです。

A「ほう、金融機関にお勤めでしたか。最近は住宅ローンの金利が下がってますね」
B「そうなんです。今は他行のお客を自行に乗り換えさせる競争が激しいですね」
A「低金利はお客に魅力ですものね。変動金利と固定金利はどちらが多いですか？」
B「やはり、ここまで下がると固定を選ぶ人が増えましたね。安心だからでしょう」

世の中の事象に絡めての仕事の話だと、相手も乗りやすいものです。
ただし、相手の仕事の内容がわからない場合には、仕事に絡めた話題も振れません。

そんな時は、誰もが知っている「ニュース」や「景気」、「流行」などの大きなキーワードが役に立ちます。意外にも、そこからお互いの仕事に絡んだ話にも及べるからです。

A「最近は『ビッグデータ』って言葉をよく聞きますよね？」
B「私は、IT関連の仕事ですが、最近はそういったデータ活用の問い合わせとかがふえてきましたね」
A「あ、IT関連でしたか。うちは食品メーカーですが、最近やたらとビッグデータがどうこうって、社内で話題になってますよ」

point
「ニュース・世の中」の話題に接近する！
誰もが知っているネタが望ましい。

トーク例 example of talk

× 「新聞で読んだんですが○○ってどうなりますかね？」→「さーどうでしょうかね」
○ 「最近は○○が人気だそうですよねえ」→「やっぱり、そうですかー。実は私もね」

テクニック 37

曖昧に答えるからこそ「その後」につながる話し方

かつて大阪の商人同士の間では、**「儲かりまっか？」**と声をかけると**「ぼちぼちでんな」**と返すのが、挨拶のようになっていました。

「儲かってまっせ」とか「儲かりまへん」と返すのではなく、**「ぼちぼち」**とは、**「そこそこに食べさせてもらっています」という謙虚な意味合いが込められていたのです。**

ビジネスの現場でも、相手の商売を慮《おもんぱか》って、「景気のほうはどうです？」などとよく使われますが、こういうシーンでも**「おかげさまで、まあまあですね」**などと曖昧に返します。「景気はいいですね」と返したのでは、相手の景気がよくないかもしれませんから、そのへんの配慮も含めて謙遜するわけです。

他に**「いつもお忙しそうですね」**と相手をもちあげて言う場合もこれに似ています。**すでに忙しく働いている——と認めた言い回しの挨拶言葉になっているのです。**

「お仕事、お忙しいですか？」などとストレートに尋ねたのでは、景気が悪くてヒマな場合もあるわけですから、失礼な言い方ということにもなりかねません。

「ヒマですよ」と返されたのでは、二の句が告げられなくなるからです。

こういう挨拶では、曖昧に返すことが、その後の会話をひろげます。

「まあまあですが、もう少し、忙しくなってほしいところですよね」

このような言葉で謙虚に受け止めていくわけです。

point

ビジネス現場の定番ネタ！
ビジネスは時に曖昧さが心地よい。

トーク例 example of talk

× 「資金繰りは大丈夫ですか?」→「なんやそれ。みくびらんといてほしいな（怒）」
○ 「資金繰りのほうはどうです?」→「まあまあ回してますから、安心してくださいな」

テクニック38

「旅行ネタ」は掘り下げ方にひと工夫を

初対面の人と話す時、「会話ネタ」として覚えておくと便利とされるキーワードに、「キドニタチカケセシ衣食住」というのがあります（キドは木戸にひっかけています）。

「キ」は気候、「ド」は道楽（趣味）、「ニ」はニュース、「タ」は旅、「チ」は知人、「カ」は家庭（家族）、「ケ」は健康、「セ」は世間、「シ」は仕事、「衣食住」は生活直結のファッション、食べ物、住まいの話題になります。

この中にも登場するのが、定番としての「旅行ネタ」です。

ただし、失敗しやすいのが、いきなり「旅行とかされますか？」とストレートに振った場合です。クローズド・クエスチョンになっていますから、「旅行はしません」と返されたら話の展開にも詰まります。

また、「ご旅行はいかがでした？」と尋ねた場合でも同じです。

これも「よかったですよ」「ちっともよくなかったですね」などと素っ気なく返してくる場合があるからです。**「どんな印象でした？」と尋ねたほうがうまくいくことを覚えておきましょう。**

素っ気なく返された時には、**「ほう、いろいろ行かれてるので、さすがに率直なご感想ですね」**とポジティブに応じ、**「たとえばどのへんが？」**などと掘り下げてあげることが大切です。誰でも旅行中には、珍しい風物や景色、意外な体験などをしているものだからです。

海外なら**「怖いことはなかったですか？」**と治安について尋ねたり、国内ならば**「何か美味しいものを召し上がりましたか？」**などと水を向け、話題をすくい上げましょう。

point

「旅行」や「出張」を話題にする！

ポジティブに掘り下げる工夫を。

トーク例 example of talk

×「旅行は全然つまんなかったよ」→「え？　あ、そうでしたか……（沈黙）」

○「旅行は最悪だったよ」→「ほう、さすがにベテランの目には厳しいものがありますね」

39 テクニック いつでも・どこでもの「万能ネタ」

食べ物の話は盛り上がります。また、**話題をひろげていきやすいのも特徴でしょう。**

「飲食」は、人の生存本能に直結している事柄であり、**人により独特な個性や嗜好の違いについてもウンチクが語れて重宝だからです。**

さらに、**「それって私もですよ」「同じ嗜好ですね」**などと、共通項を見いだして、似た者同士の親密感を醸成することもできます。

A「お好きな食べ物ってなんですか？」

B「和食全般ですよ。寿司、天ぷら、焼き鳥、ラーメン、そば、うどんが、大好きですね」

A「ほう、私と一緒で幅広いな。好き嫌いがなくていいですね。でも、日本食が大好きだと海外に行った時など恋しくなりませんか？」

B「あ、それは若干ありますけども、私は海外だと、その国の料理をすすんで食べるようにしてますね」

A「なるほどー、そりゃ、本物のグルメですねぇ。味覚のバリエーションがホントにひろいんですね」

このように話題はどんどんひろげられます。

「ところで、原田さんは、イケる口ですか？」などと振り、飲める相手ならアルコールや店の話題にもつなげられます。

話題に詰まった時は、「飲食ネタ」がおすすめのゆえんなのです。

point

「飲食」を話題にする！

食材やお酒、お店の話題にひろげていく。

トーク例 example of talk

×「うまいラーメン、おすすめのラーメンってありますか?」→「さあ…ないね（キッパリ）」

○「うまいラーメン、おすすめのラーメンってありますか?」→「あるよ!　最近よかったのはね」

テクニック 40

誰もが経験のある「挫折ネタ」「失敗ネタ」だと共感を呼びやすい

お年寄りの集まる所では、話題の行きつく先が持病などの情報交換になったりします。

また、過去に自分が受けた大手術の話などを、面白おかしくエピソードを交えて語り、一幕物のエンターテイメントにして人気のお年寄りもいたりするものです。

もっとも、これをまだ健康な現役の人たちがやるわけにはいかないでしょう。つらい持病の話や、何かの手術といった話は、よほど親しい人同士でなければ引かれてしまう話題だからです。

やはり、一番無難に行われているのは、健康志向ネタでしょう。カンタン便利な健康法や、ダイエットといった話題は、誰もが興味をもちやすいネタだからです。

A「山崎さん、何か健康法とかってやってらっしゃいますか？」

B「いやあー、特にないんですけどね、宮本さんのほうは何かやってますか？」

A「どれも続かないんですけどね。人参ジュース健康法とか、キャベツダイエット、朝のジョギング、寝る前のスクワット30回とかいろいろですが、全部駄目でしてね（笑）」

こんな挫折ネタ、失敗ネタだと誰にも経験があるので笑いと共感を呼びやすいでしょう。

いつでも語れるように、記憶を整理して、面白ネタにしておきましょう。

point

「健康」を話題にする！

健康志向の「挫折ネタ」が受けやすい。

トーク例 example of talk

×「最近、新しいダイエットに挑戦中なんですよ」→「また始めたのかい？　バカだね」

○「今17回目の禁煙チャレンジ中です」→「すごいね。その努力と執念がいいね（笑）」

41 テクニック

「知りませんでした」とボケる人のほうが断然可愛がられる

誰かにウンチクを語る――というのは、とても気分のよいものです。

A「あのねえ、中南米諸国はスペイン語を公用語とする国が多いけど、唯一ブラジルだけがポルトガル語が公用語だろ。きみ、知ってた？」

B「いえ、知りませんでした。それって昔の植民地支配の影響ですか？」

A「そう、15世紀末に、スペインとポルトガルが喧嘩しないよう協定を結んだんだ」

B「へーっ、岡崎さんって、めっちゃ博識なんですねえ、勉強になります」

誰かが、ウンチクを語りはじめた時、「そうそう、それ知ってます、そうなんですよね」などと応じると相手はどう感じるでしょうか。

こちらは共感を示し、仲間意識を醸成したつもりになっているかもしれませんが、相手がかなり詳しい事情通だと「いちいち知ったかぶりでウザイ奴だな」と思われる可能性も高いのです。

相手が小鼻をピクつかせるなど、ちょっと得意になってウンチクを披露しはじめた時には、注意が肝心です。「はい、存じてます」などと、かしこぶるよりも、**「へーっ、存じませんでした。勉強になりますね」**と受けたほうが話は弾むのです。

目上の人に対しては、「教え」を乞う姿勢で臨むほうが、可愛がられます。

point

わざと知らないふりで「教え」を乞う！

相手の自尊心をくすぐるワザ。

トーク例 example of talk

× 「きみ、なぜだかわかるか?」→「もちろんです」→「あ、そう…じゃいいや」

○ 「きみ、なぜだかわかるか?」→「いえ、存じません」→「よし、教えてやろう」

42 テクニック ビジネスや暮らしに役立つ「雑学・ウンチクネタ」を収集しておく

日頃から、**「雑学・ウンチクネタ」**を仕入れておくと、会話がしぼみそうな時に便利です。

A「ふーん、そうだったんですか……（会話がしぼんでいく）」
B「ええ、まあ、そういうことで………（だんだん沈黙モードに）」
A「あっ、そうそう、杉本さん。全然違う話なんですけどね。携帯とかスマホを水没させちゃったことってあります？」
B「私はないですけど、トイレで便器の水たまりに落とした人とかって、気の毒な話はたまに聞きますよね」
A「そうなんですよ。これ知っておくと便利な話ですけど、そんな時は、水から引き揚げても絶対電源を入れず、電池パックやSIMカード、SDカードをすぐ引き抜いて、それらをひたすら乾かすことだっていいますよ。そうすれば、7割は復旧するそうです。」

B「へーっ、そうなんですかー。データが消えると困りますもんねぇ」

A「ええ、バックアップをとっておけば安心ですけど、やってない人多いですからね」

こんなお役立ち情報を仕入れておくと喜ばれるでしょう。会話がしぼんだ時に繰り出す「**雑学・ウンチクネタ**」は、意外に盛り上がります。「いいこと聞いたなー」というオトク感が、相手を嬉しくさせるからです。

point

「雑学」「ウンチク」のネタを披露する！

「物知り」を気取らずサラリと振ってみる。

トーク例 example of talk

×「TOEICの成績がたちまち300点アップする方法があるよ」→「ウソだろ、そんなの」
○「TOEICの成績がたちまち300点アップする方法があるよ」→「えっ、教えて教えて!」

テクニック 43

成功した時の話は「苦労話」のほうが盛り上がる

グチや不満をだらだら口にするのは、周囲にマイナスオーラを振りまくだけです。自分の人格まで下げかねないので、社会人としては避けたい話題のひとつでしょう。

ただし、誰でも「頑張った時」や「苦労を乗り越えた時」には、「我慢したこと」「つらかったこと」「投げ出したくなったこと」などの体験が付随しているのがふつうです。

つまり、体験には、苦労話がつきものなのです。

そんな過去に味わった感情に、それとなく水を向けられると、人は自分をよく理解してくれる人――と感じて嬉しくなります。

A「なるほどー。開発段階では、営業部のメンバーが乗り気じゃなかったんですね」

B「ええ、それだけならまだしも、役員にも懐疑的な人が出てきちゃいましてね」

A「ひゃー、そりゃ、ヤバかったんじゃありませんか？」

B「そうなんですよ、社長のゴーサインで取りかかってるのに包囲網が敷かれちゃいましてね」

A「でも、そんな環境下でよく成功されましたね。おつらいこともいろいろあったでしょうに」

B「はい、もう泣きたい気分でしたが、それをバネにしましてね、とにかく頑張るしかないと思って（ペラペラ）」

物事には光と影の両面があります。
影の部分にも光を当ててあげるのが大人の流儀なのです。

point

溜まった「負の感情」に水を向ける！
「ガス抜き」が意外なリラックス効果に。

トーク例 example of talk

× 「成功してよかったですね。もう鼻高々でしょう」→「え？ ええまあ…」
○ 「成功させるのはかなり大変だったでしょ？」→「そうなんですよ。実はね」

テクニック44

「面白い人」「珍しい人」「変わった人」を創作しておく

共通の知人についての話題はよく出ます。

その人を「ほめる」話題よりも、どちらかといえば「あの人って、○○だよね」などという噂話だったり悪口のほうが盛り上がります。

ただし、誰かへの非難や中傷は、堂々巡りで、最後は気まずい印象です。

人が他人をけなすのは、実は自分自身がイヤだなと自覚している部分を、他人に見立てて「投影」するために攻撃したくなる現象です。

結局他人の中にイヤな自分を見ています。悪口を続けても気が晴れないのは、自分を屈折攻撃している自家撞着《じかどうちゃく》にすぎないからなのです。

ところで、他人の悪口というものは、会話の相手に裏切られると、どこでどう本人に伝わるやもしれません。

雑談ネタに取り上げるなら、共通の知人よりも、自分の知人で**「面白い人」「珍しい人」「変な人」**を話題にしたほうが安全に盛り上がれます。

A「私の知人に、会社からリストラ宣告された、まさにその日に買った宝クジで、３千万円を当てた人がいるんですよ」

B「ええっ、そりゃスゴイ！ 強運の人っているんですねえ、で、その人どうなりました？」

面白い知人がいなければ、実在しない「架空人物」を創作しておき、ネタにするのでも盛り上がれます。

point

「知人」を話題にする！

実在しない「架空人物」の話でも盛り上がる。

トーク例 example of talk

× 「私の知人に○○の人がいるんですよ」→「ふーん、そりゃそういう人もいるだろうよ」

○ 「知り合いにスゴイ体験をした人がいましてね」→「へー、どんな体験？ 聞かせてよ」

テクニック 45 ハッピーな未来を予言してあげると喜ばれる

占いや、霊感、スピリチュアルといった神秘系に、著者はまったく否定的立場です。ですが、だからといって占い好きの人との会話において、「占いの類なんてみんなインチキなんですよ」などとはけっしていいません。

むしろ、蓄えた占いの知識と心理学でいう「バーナム効果」を試みることで、「わ、当たってる！」「スゴイ！　なぜそんなことまでわかるんですか？」などの賞賛を頂戴し、楽しんでいるほどです。

会話や雑談において、相手の考えや立場を否定するほど愚かなことはないからです。

ちなみに、**「バーナム効果（フォアラー効果とも）」**とは、目の前にいる人だけに集中して占う作業をしたのち、**「本当のあなたはとても孤独ですね」**とか**「お金のことで苦**

しんだことが多いですね」など、相手の年齢や素性に応じて、「**誰にでも当てはまることを、その人だけに当てはまること**」として告げることです。
こうすると、人は自分に該当すると思う言葉だけが強く印象に残り、だんだん心揺さぶられて、相手の占い能力を信じはじめるのです。

話題に詰まった時、「**ところで、占いとかってお好きですか**」などと相手に水を向け、「はい」と答えられたら、「**占ってあげましょうか。私、20年のキャリアがあるんですよ**」などと暗示的に自己紹介し、いろいろ指摘し、明るい未来を暗示してあげると会話も盛り上がります。
なお、悪い暗示をかけ、不安を煽るようなことを告げると嫌われます。

point

「占い」を話題にする！

誰でも知っている「占い」ネタが無難。

トーク例 example of talk

× 「きみは、5年以内に悲劇に直面すると出たぞ!」→「何よ、それ。大きなお世話よ」
○ 「きみは、これから運気が上昇していくね、そしてね…」→「そして…どうなるの？　教えて」

46 テクニック

「家族ネタ」「家庭ネタ」はプライベート限定の場の話題と心得る

日本では、職場の自分のデスク上に、「家族の写真」を飾っている人はほとんど見かけません。**ある調査によると、9割近くの人が、「公私混同のようで違和感を覚える」「幸福自慢をしているようで気恥ずかしい」と回答するなど、「家族の写真」を職場にもち込むことには抵抗があるようです。**

たしかに外資系企業のように個人ブースで仕切られた空間なら、アリかもしれませんが、日本の大部屋式の職場での「家族」のさらしもの状態は避けたいものなのでしょう。ビジネスの現場では、雑談で「家族」や「家庭」を話題にできるのは、ごくごく親しい間柄という事情もあります。

得意先担当者から、いきなり自分の家族や家庭の話題をもち出されたら、やはり、唐突すぎる「違和感」は否めず、その真意を推し測りたくもなります。

たとえ、何気ない雑談でも、家族ネタや家庭ネタを扱うのは、意外にむずかしいと心得るべきなのです。

「家族」や「家庭」の話題がもち出せるのは、あくまで「限定的」です。子供の夏休みレジャー消化問題、奥さんの妊娠や出産に関わる話、生まれたての赤ちゃんの世話や老親の介護……などなど、こうした日常生活での「苦労話」に限定されるでしょう。

ましてや、「うちの息子が医学部に合格しましてね」だとか、「このたび女房の実家の支援で、湾岸にタワーマンションを買いましてね」などと話を振るのは自慢になるので禁物なのです。

point

「家族」「家庭」を話題にする！

幸福ネタはNG、失敗談、苦労話が共感を呼ぶ。

トーク例 example of talk

×「息子が3浪して東大に受かりまして」→「え？（それって喜ばしいことかな？）」
○「4人も子供がいるんです。民主党政権の『子ども手当』を当て込んで…」→「大変だね（笑）」

47 テクニック

自分の趣味を「いじられやすい趣味」に加工しておく

自己紹介で「趣味はゴルフです」などと打ち明けても、あとから何の反応も得られずスルーされてしまうと悲しいものがあるでしょう。

自己紹介の時には、「本気の趣味」を打ち出すよりも、より共感が得られやすいよう、広義な形にひろげ、いじられやすく加工しておいたほうが、うまい自己紹介になります。

A「はじめまして高田と申します。社会人になってまだ3年目、趣味はアウトドアスポーツでなんでもこなします。よろしくお願いいたします」

B「いいですね、健康的なご趣味で。どんなスポーツを主になさるんです？」

A「はい、ジョギング、海水浴、ビーチバレー、テニス、ゴルフ、バーベキュー付きハイキングといったところですか（笑）」

B「なるほどー、いろいろあってそりゃ楽しいですねー、バーベキューにも、きっとこだわりがあるんでしょうね（笑）」

わけです。

フック（取っ掛かり）を多く仕掛けたほうが、相手もフォローしやすい

また、「ご趣味はなんですか？」といきなり尋ねても、「特にないです」などと返されることはよくあります。

そんな時には、86頁で紹介したように、過去を聞き返すとうまくいきます。**「今までは、どんなご趣味をおもちでしたか？」**などと尋ねるのです。

point

「趣味」を話題にする！

「現在の趣味」より「過去の趣味」の話がカンタンに盛り上がる。

トーク例 example of talk

× 「どんな趣味をおもちですか?」→「ロックやってます!」→「え？　あ、そうですか…」
○ 「今まではどんな趣味を?」→「スキー、テニス、将棋、料理かな」→「そりゃスゴイ!」

48 テクニック

タブーに通じる話題の対処法

他人の悪口は、雑談であっても後味が悪くなるので、盛り上がるネタでも、あまりおすすめできません。

ただし、芸能人の噂話や裏話なら、たとえそれが批判や悪口につながっていようと、あくまで第三者のことなので、会話の当事者が共感できる限り構わないでしょう。

「あのタレントのこういうところがキライ」などのネガティブな共通項は、「共通項・類似性の原理（70頁）」でお互いを「似た者同士」として認識し、大いに盛り上がるものだからです。もちろん、ふつうに「あのタレントのここがいい」「あの女優の大ファンだ」という自分が好感をもつタレントの場合でも同じことです。

昔から、話題の禁じ手として有名なものに、「政治」「宗教」「スポーツチーム」の3

つのタブーネタがあります。

これらは、自分の支持政党、信仰する団体、贔屓《ひいき》のチームなどの存在が明らかになると、お互いの主張がぶつかり合いかねないため、話題としてはタブー視されているわけです。

芸能ネタを取り上げる時でも、気をつけたいのは、相手が誰を好きで、誰がキライなのかがわからない場合です。

ゆえに、**「○○ってタレントをご存じですか？」**などと軽く振って、どの程度の認識にあるかを探ってからが無難でしょう。

当然ですが、相手が好きなタレントをけなせば、嫌われます。

point

あたりさわりない「芸能ネタ」を話題にする！

芸能人の噂話・裏話で盛り上がる。

トーク例 example of talk

× 「好きな芸能人って誰?」→「ゴメン、知識がないんで」「くだらない質問だね」
○ 「好きな芸能人とかっている?」→「そうねえ、○○が面白いから好きかな」

49 テクニック

「秘密」を話されるとお返しに自分の「秘密」も話したくなる心理

話し手が突然、「実は、ここだけの話なのですが」などと、声を潜めるような口ぶりになると、聞き手は期待してしまいます。

思わず、「えっ、何、何？　教えて？」「えっ？　それってウラがあるってこと？」などと身を乗り出すはずです。

あなただからこそ、特別の話をこれからしますよ――という秘密を打ち明けようとする相手の態度が、本能的願望の「承認欲求」を満たしてくれますから、人をとりわけ嬉しくさせるのです。

秘密の話を打ち明けられると相手の親切に感動し、ついお返しに自分のほうの秘密までも打ち明けてしまった**（返報性の原理）**――ということも起こりがちです。

A「あのさ、ここだけの話だけどね、実は川上課長は派遣のマリちゃんと付き合ってるみたいだよ。川上課長は去年離婚してるから、別に不倫ってわけじゃないけどね」

B「えっ、そうなの？　オレ、マリちゃんにコクって振られたけど、そういうことだったのか……」

A「えっ？　きみもマリちゃんに？　実はオレもなんだよ。悔しい話だよな、くそ！」

秘密の開示は、一気にお互いの距離を縮める効果があるわけです。ダミーの「秘密」で、乗せられることもあるので気をつけましょう。

point

「秘密の話」「ここだけの話」の開示で距離を縮める！
インパクトが強いほど効果的に。

トーク例 example of talk

×「秘密の話教えてあげようか?」→「何だよ、もったいぶって!（怒）」
○「秘密の話なんですけどね、実は」→「え?　何なに、教えて」

第4章

覚えておきたい「ビジネス現場」での定型フレーズ

へーっ！ゴルフもおやりになるんですか！
コイツ、敬語も使えんのか…
え？

★敬語が使えないと見くびられる！

50 テクニック

名刺交換時に添えるひとことであなたの品格が試される

ビジネスの現場では、折り目正しい言葉遣いが求められます。

本筋の会話に入る前の雑談であろうと、正しい敬語での対応が必要なのです。

間違った言葉遣いや落ち着かない態度は、初対面時の印象をことごとく損ないます。

名刺交換する際、ろくに相手の名刺に目を留めず、すぐに名刺入れにしまい込んだり、さっさとテーブルに置いたりする人がいますが、名詞をぞんざいに扱うのはNGです。

名刺は、相手の人格の分身と考え、丁重に扱うのが礼儀だからです。

「はじめまして、〇〇と申します」と名刺交換し、相手の名刺を見入って、「ほう、イルカ（入夏）さんって、こういう字を書くんですか、面白いというか、変わったお名前なんですね」などと言ってしまう人もいますが、これまたトンデモナイ失言です。

相手の名前を見て、「面白い」とか「変わった」などというのは論外です。ほめたつもりかもしれませんが、「笑える変な名前ですね」といったも同然だからです。

「入る夏と書かれてイルカ様とお読みするんですね。珍しいご芳名《ほうめい》には由緒がありそうですね」などと言えれば一人前です。そのあと、テーブルがあれば丁重に名刺を置きます。

名刺の注目点は3つあります。**「相手の姓名」「相手の所属や組織などの属性」「名詞に記された住所」**です。

これらについて何かひとこと言えないと「気が利く人」とはいえません。トーク例を参考に「言い回し」を考えておきましょう。

point

「名刺交換」にはひとこと添える！

「初対面」の印象が強く残る「初頭効果」を最大限に生かす。

トーク例 example of talk

「アクセス抜群の所在地ですね」「珍しいご芳名で格調高いですね」「響きのいい社名ですね」「ご高名はかねて伺っております」「遠い所をお運びいただき恐縮に存じます」

51 テクニック
状況に応じた「雑談フレーズ」が上品な人柄を物語る

もし、はじめて訪問した取引先がオンボロ社屋だったなら、どんな言葉をかけますか。無理やりポジティブ変換した言葉でほめればよいのでしょうか。「風格がありますね」とか「歴史の重みがありますね」などですが、これだと皮肉を言い、馬鹿にしている――と思われるのがオチでしょう。

「こんにちは、いつもお世話になります」と挨拶し、何も言わないのが正解です。

相手から「こんなボロいところですいませんね」などと言われてはじめて、**「いえ、とんでもないです。風格を感じます」**などと軽くサラリと受け流すべきなのです。

もとより、素敵なオフィスなら自然に「ほめ言葉」も浮かびます。**「機能的で快適なオフィスですね」「都心の一等地のオフィスなんてうらやましいです」**。

しかし、あまりにもお粗末な状況に対しては、こちらからふれるべきではないのです。ポジティブ変換する時は、相手が卑下してきた時だけと心得ておきましょう。

★「やかましいところですみません」→「活気があっていいですね」
★「汚く散らかってて悪いね」→「お忙しくしてらっしゃるんですね」
★「狭くて窮屈で。お恥ずかしい」→「コンパクトで機能的ですね」
★「こんな田舎までようこそ」→「風光明媚で落ち着きます」
★「貧乏くさい社屋で驚いたでしょ」→「質実剛健で清々《すがすが》しいです」

point
訪問先でのひとことは要注意!
相手が状況を卑下したら、ポジティブ変換で表現する。

トーク例 example of talk

「素敵なオフィスですね」「眺めのいいオフィスですね」「快適な仕事空間ですね」
「活力がみなぎっている感じですね」「落ち着いた風情の温もりがあります」

52 テクニック

サラリと返す「社交フレーズ」が教養を感じさせる

食事に招かれた際に、粗雑な受け答えをベタにしてしまう若い人は少なくありません。

★「こんな焼き鳥屋ですまんな」→×「庶民的で安上がりな店って大好きですよ」

★「あれ、お口に合いませんか？」→×「すいません、ちょっとマズイなと思って」

★「なかなかいい店でしょ？」→×「はい。自腹で来られない高級店で嬉しいです」

★「まあ、一杯いかがです？」→×「あ、下戸《げこ》なんですよ。すいません、飲めなくて」

こういう軽い調子の受け答えをされると二度と誘ってやるもんか——と気分を害するオジサンもいるでしょう。宴席といえどもビジネスの延長線上の人間関係だからです。

こう話しかけられたら、こう返す——という社交辞令のパターンを覚えておかないといけません。

★焼き鳥屋なら→「こういうお店大好きなんです。落ち着きますから」
★箸止めを指摘されたら→「食べ慣れない料理で」「独特な味わいで」
★高級店の評価なら→「格調高いお店にお連れいただき恐縮です」
★お猪口《ちょこ》を差し向けられたら→「不調法なもので申し訳ございません」

招かれた時には「お店の選択」「お店の雰囲気」「お店の料理」の3点のいずれかをほめるスマートな言い回しが大切です。
自然なフレーズが爽やかであるほど、教養を感じさせられるからです。

point

招かれた食事の席では
お店の選択・お店の雰囲気・お店の料理の3点をほめる。

トーク例 example of talk

× 「風格のある店でしょ?」→「たしかにです。古いので地震がコワイかもですが…」
○ 「風格のある店でしょ?」→「いいですねー、風情があって落ち着きますしね」

53 テクニック

「ほめたつもり」が相手を怒らせる言い回しを封印する

人の才能や能力、技能といった面をベタにほめてはいけない場合があります。

×上司に「もうエクセルを覚えられたんですか。課長もやればできますね」
×SEの人に「さすがに、パソコンの扱いには手馴れたものがありますね」
×通訳の人に「英語うまいですね。外人みたいな発音でしたね」
×料理人に「料理作るの上手ですねえ。素人が作るのとは雲泥の差がありますよ」
×歌手に「歌が上手ですね！　やっぱ声が違いますもんね！」

立場が上の人、その道のプロや専門家に向かって、技能や才能をベタにほめているので違和感があります。

すでにお伝えしましたが、「ほめる」というのは上から目線です。敬意を表すべき人をそのままほめたのでは、こちらが上になり失礼なのです。

上司には**「もうエクセルをお使いですか、驚きました」**と事実を伝えるだけでよいのです。

SEの人には**「頼もしい限りです」**と存在を讃えます。

通訳の人や料理人、歌手の人には**「見事な通訳で」「とても美味しい料理です」「歌声に聴き惚れてしまいました」**などと作品のほうを讃えるのです。

ほめたつもりが、相手を不快にさせてはいけないわけです。

point

プロの人や専門家をほめる時のスマートな言い回しを磨く！
技能をベタにほめてはいけない。

トーク例 example of talk

「驚きです」「頼もしいです」「とても美味しいです」「素晴らしかったです」「美しい音色でした」「匠の技ですね」「感激です」「感動しました」「手際の良さに見とれてしまいました」

54 テクニック

照れずに短いフレーズを繰り出そう

「男性が男性をほめる」「女性が女性をほめる」といった同性同士の間のエールは、**異性間のそれより屈折した心理が入り込みやすい**——**といわれています。**

同性同士は、つまるところ、どこかしらライバル意識を感じさせるからです。

もっとも、女性同士の場合は、お互いをよくほめ合っている印象があります。

女性は、男性よりもコミュニケーション上手だからです。

女性同士は、原始時代から男性の狩猟活動とは違った、女性集団での採集活動があり、同性同士の間でうまく協調する術《すべ》を身につけてきたから——と説明されています。

したがって男性が男性をほめるといった同性同士でのエールは、女性同士と比べて圧倒的に下手くそなのです。男性は、同性に対してのライバル意識が強く、**本音はライバルにエールを送りたくない**——という深層心理があるわけです。

男性は、職場の同僚を照れずにほめる術を身に付けるべきでしょう。
会話や雑談をスムーズに運んでいくのに、**相手をほめる、励ます、元気づける、勇気づける**——といった「言い回し」は欠かせないからです。
トーク例にある通り、上から目線でない短いフレーズでのほめから練習するとよいでしょう。

「スゴイ！」「頑張ってるなあ！」「イケてるね！」「段取り上手！」

日頃から同僚への短い賞賛やエールを続けていれば、会話や雑談はどんどん弾んでいくはずだからです。

point
同僚の仕事へは「評価」「賞賛」「励まし」の言葉を！
上から目線を避ける。

トーク例 example of talk

「根性あるね」「さすが」「参ったよ」「やるじゃん」「負けたよ」「見事だったよ」「冴えてるね」「圧倒されたよ」「うまいね」「最高」「good job」「男前だね」「スゴすぎ」

55 テクニック

うっかり使って「笑い者」にならないために

「間違った敬語」を使っていると、社会人としての知性や教養を疑われかねません。

敬語は「知人がメールをくれた」の普通語に対して、「知人がメールをくれました」の丁寧語、「知人がメールをくださいました」の尊敬語、「知人からメールをいただきました」の謙譲語に分かれます。

といって語尾だけ変化させればよいものでもありません。

「どうぞお先に、お食べになられてください」などと言われると悲しくなるでしょう。

「食べる」の尊敬語「召し上がる」へのスムーズな変換ができないと笑われます。

こんな基本的な敬語の間違いは、ここでしっかり修正しておきましょう。

★「(明日は)います」→「おります」★「(ゴルフ)をおやりですか?」→「なさいますか?」★「(社長が)来る」→「お見えになる」★「できませんね」→「致しかねます」★「(部長が)言った」→「おっしゃった」★「見てください」→「ご覧ください」★「(課長に)言いました」→「申し上げました」★「(すぐ)行きます」→「お伺いします」★「聞いてません」→「伺ってません」★「(すぐに)来てください」→「お越しください」★「聞きました」→「承りました」★「(見積もりは)見ました」→「拝見しました」★「食べます」→「いただきます」★「ご参加ください」→「ご臨席ください」★「(花に)水をあげる」→「水をやる」

point

意外と間違いやすい敬語表現を押さえる!

「基本のキ」をしっかり身に付ける。

トーク例 example of talk

「かしこまりました」「承知いたしました」「拝見しました」「ご覧になりましたか?」「お目通しいただけましたか?」「少々お待ちいただけますでしょうか?」「恐縮に存じます」

56 テクニック

知らずに使っていると恥をかく敬語

前項で見ていただいたのは「基本のキ」ともいうべき敬語の用例です。他にも敬語のつもりで使われる「変な例」はよく見かけます。笑われないよう修正しておきましょう。

★「とんでもございません」→「とんでもない」はひとつの形容詞なので崩せません。「とんでもないことです」「とんでもないことでございます」が正しい。

★「上司に申し上げておきます」→上司への敬意を相手に示すのは変です。相手の言伝《ことずて》ゆえ、「申し伝えます」と相手への謙譲を示すのが正しい。

★「おっしゃられる」「お話しになられる」→「おっしゃる」「お話になる」の敬語表現に助動詞「れる」がつき、重複敬語で過剰です。

★「お求めできます」「ご参加できます」→「できる」を敬語にしないと尊敬語にな

りません。「お求めになれます」「ご参加いただけます」が正しい。

★「ご利用してください」「ご用意してください」→「して」は余計です。入れたければ敬語にして「〜なさってください」が正しい。

★「お客様をお連れしました」→お客様を連行してはいけません。「ご案内しました」が正しい。

★「そう申されましても」→「申す」は謙譲です。「そのようにおっしゃいましても」が正しい。

★「その日は会えません」→「会う」は「お目にかかれません」への変換が必要です。

point

敬語のつもりで使うと危ない敬語に要注意！
社会人が使ったら笑われます。

トーク例 example of talk

×「こちらにお座りください」→「こちらにおかけください」
×「頑張らせていただきます」→「一生懸命頑張ります」

57 テクニック

正しい日本語表現が「品格」を漂わせる

若い人同士なら問題なくても、年配者だと「違和感」を覚えさせる表現があります。

★「うざい」→「煩《わずら》わしい」 ★「キショイ」→「気色悪い」 ★「キモイ」→「気持ち悪い」 ★「ぶっちゃけ」→「包み隠さずに」 ★「ナニゲに」→「何気なく」 ★「マジ」→「本当」 ★「〜みたく」→「のように」 ★「超〜」→「非常に」 ★「っていうかー」→「というか」

また、堂々と使うとまだまだ抵抗を感じさせる表現もあります。

×「感動して鳥肌が立った」…本来鳥肌が立つのは、恐怖や不快な時だけでした。

×「あの人の生き様」…悪い意味での「死に様」はあっても、「生き様」はありません。「様」は、「ざまあ見ろ」の「ざま」に通じます。

×「見れる・食べれる」…「ら抜き言葉」です。「見られる」「食べられる」が本来の言葉なのです。

また、バイト語、ファミレス語と呼ばれる類《たぐい》の表現も、「幼稚」に思われます。

×「こちらが資料のほうになります」→「こちらが資料です」

×「よろしかったでしょうか？」→「よろしいですか？」

point

「おかしな表現」は封印する！

無意識に使っている「変な日本語表現」を修正する。

トーク例 example of talk

×「ワタシ的にはチョービミョーでして」→「私にはまったく判断がつきかねておりまして」

×「資料を読まさせていただき（サ入れ言葉）」→「資料を読ませていただき」

58 テクニック

声をかける頻度が増すほど心の絆も深まっていく

自分より立場の低い人へは、自分のほうから気さくに声をかけることを忘れてはいけません。相手は立場が上の人だと、どうしても遠慮してしまうからです。

「いつも頑張ってるね」…今の頑張りを認めてくれる姿勢が好感を呼びます。

「頼りになるね」「頼りにしてるよ」…自分の「存在」を尊重されると力が湧きます。

「抜かりないね」「さすがだ」…きめ細かい部分まで目配りされると嬉しくなります。

「よくやってくれた。ありがとう」…ストレートな感謝の言葉がハートに響きます。

「きみならではだね」…自分のオリジナリティーへの評価は「やる気」を湧かせます。

「偉いね」「偉いぞ」…ちょっとした事柄でも讃えてくれる姿勢は信頼を育みます。

「順調みたいだね」…「うまくいってるのはきみのおかげ」という信頼が伝わります。

こんなふうに声をかけられただけで、立場が低い人、立場の弱い人は、自分を必要とされている——と強く実感できるのです。

「勇気」と「元気」がモリモリ湧いて生産性も上がります。

そのあと、**「○○のほうはどう?」**などと雑談につなげていくと絆も深まるのです。

立場が上の人がやりがちなのは、「頑張れよ!」や「しっかりな!」といった命令形での激励ですが、立場が下の人へは、現状への貢献を認め、現状を讃えてあげるべきなのです。

point

自分より立場が下の人への「気配りの言葉」!
つねにねぎらう気持ちが信頼感を醸成させる。

トーク例 example of talk

× 「おう、やってるな。頑張れよ。しっかりな。気合入れてな!」→「はあ…」
○ 「すごく順調にいってるんだね。きみのおかげで助かるよ。ありがとう」→「はい」

テクニック 59

「怒り」や「不満」の感情を押し殺し「スマートに」「冷静に」モノをいう

ビジネスの現場では、「負の感情」を言動に表わすと「プロ」ではなくなります。

「バカ！」だの「ふざけるなよ！」などと怒るのは、人格の低劣さを露呈し、相手に反発心や憎しみの感情を植えつけるだけで損です。百害あって一利なしなのです。「負の感情」は、徹底的に押し殺して対処するのが一流のビジネスマンといえます。

もちろん、重大な信義則の軽視、契約違反、ミスや失態があれば、相手に対処を迫らねばなりません。ビジネス現場での3ステップでの「言い回し」を覚えておきましょう。

1ステップ「どういうことなのか、ご説明願えませんか」…まずは説明を求めます。

2ステップ「納得しかねますねえ」…相手の弁明、釈明に承服できないと表明します。

3ステップ「誠意ある対応策をご提示ください」…対策（回復策・損害賠償）を求めます。

相手に下駄を預けて対策を提示させるのか、こちらから具体的な要求を告げるかはケースバイケースです。**ただし、相手に対応策を考えさせると相手の誠実度合いも測れます。**

部下が、ミスや失態に及んだ場合も同じです。「怒る」のではなく「叱る」姿勢が大事です。

「なぜ、こんな事態に？」→「納得いかないね」→「どうするつもりだ？」

point
相手のミスや失態に臨む時の「言い回し」には「負の感情」を回避する。

トーク例 example of talk

「お約束と違うようですが」「聞いてませんね」「どういうことでしょう?」「納得がいきませんね」「困りましたね、どうします?」「困惑するばかりですね」「対策をお聞かせください」

テクニック 60

司会は「定型フレーズ」で回せばスムーズに流れる

会議の司会、ミーティングの進行役、研修のファシリテーターや衆議のまとめ役にはいろいろな立場があるでしょう。大切なのは、自分の意見や感情を押し殺し、参加者が平等に議論に加われ、議論がスムーズに流れるよう目配りすることです。

会議の進行役を仰せつかると「えっ、オレが？　やったことないよ、自信ないなあ」などと尻込みする人がいますが、けっしてむずかしい仕事ではないのです。

多くの議論を整理して、その場を捌《さば》いていくだけのことだからです。

いくつかの定型フレーズによる「言い回し」をしっかり押さえておきましょう。

★「**定刻になりましたのではじめます**」…開始の宣言です。

★「**この件についてご意見をお聞かせください**」…ランダムな発言を求めるセリフです。

★「それは少しテーマから外れていませんか？」…議論の方向性を確認し、軌道修正するための言葉です。

★「それでは、ここで意見を整理します」…類似の意見と反対の意見などを分けて焦点を絞ります。

★「もう少し手短にまとめてください」…だらけた発言を牽制《けんせい》します。

★「みなさん、静粛にお願いします。発言は指名された人だけです」…勝手な発言を禁じます。

★「その議論はまたの機会に願います」…別のテーマの混入を防ぎます。

★「意見も出尽くしたようなのでまとめます」…議決をとるか次回に回すか判断します。

point
会議の場での「仕切り言葉」は定型フレーズでメリハリを効かせる。

トーク例 example of talk

「お忙しい中、お集まりいただきありがとうございます」「本日のテーマは○○です」
「その議論はまたの機会にぜひ」「議論も出尽くしたようですね」「賛否をまとめます」

テクニック 61

「経緯の説明」はあとに回さないと相手を怒らせる

× 「遅刻して申し訳ありません。電車が架線事故で停まってしまったものですから」

× 「納品できずご迷惑をおかけしました。運送会社のトラックが事故に遭い……」

このように謝罪の時に「経緯の説明」を付随させるとしばしば相手を怒らせます。**「経緯の説明」を「謝罪」とセットで述べると、迷惑をかけたのは自分のせいではなく不可抗力で仕方がなかった――と「言い訳」に聞こえるからです。**

日本では外国と違い、「不可抗力」の場合でも謝罪するのが常識です。たとえ責任が自分になくても、「相手に悪い」と感じ、「何とか対応策を講じることはできなかったか」と悔恨するのが美徳だからです。

経緯を述べるのは、相手に理由を尋ねられてから、「実は～」と話すべきなのです。

基本は「謝罪の言葉」↓「対応策」↓「経緯の説明」↓「反省・謝罪の言葉」……といった順序になります。

「遅れて申し訳ありません。よろしければ今からでもプレゼンをさせていただければと思いますが」↓「どうしたの?」↓「電車が架線事故で停まってしまいご迷惑をおかけしました」

「納品できず大変ご迷惑をおかけしました。ただいま自社トラック便で緊急手配しております」↓「どうしたの?」↓「運送会社のトラックが事故を起こし、申し訳ございません」

point

謝罪の時の会話の仕方は「経緯の説明」を付随させず、ひたすら詫びて相手の感情をクールダウンさせることが大切。

トーク例 example of talk

「誠に申し訳ございません」「不徳のいたすところです」「ご迷惑をおかけしました」
「慚愧(ざんき)に堪えない思いでいっぱいです」「心よりお詫び申し上げます」

62 テクニック

相手の意見に共感し相手のメンツを重んじ「恥」をかかせない

相手の話を受けたのち、**「いや」「でも」「しかし」「だけど」**などといった言葉を頭につけてから返すと相手を警戒させる——と48頁でお伝えしました。「これからあなたの意見に反論しますよ」という宣戦布告になってしまうからです。

会話や雑談は、相手の言葉に「共感」しないと続かなくなります。

「なるほど、そういう考えもあるんだ」と、いったん共感を示す態度で受けとめなければなりません。

ゆえに、相手の話に異論や反論を試みる時には注意が必要なのです。

★**「うーん、それってどうでしょうかね」**…賛同していないことを曖昧に伝えます。

★**「お言葉を返すようですが」**…落ち着いて異論を切り出す時の言葉です。

★「二、三、質問してもよろしいですか？」…質問の形で異論を伝えます。

★「おっしゃることはよくわかるんですが」…やんわりと異論を唱えます。

上司が人前で間違ったことを述べ、その場で訂正する必要がある時には、自分の記憶違いを理由に挙げます。

「あのう、お話の途中に大変失礼ですが、数字が私の記憶とは違っているのですが」

上司にできるだけ恥をかかせずに、間違いに気づかせるわけです。

point

異論を唱える時にもスマートな「言い回し」で伝える！
共感を示す態度を表してから反論を繰り出す。

トーク例 example of talk

×「それって間違ってますよ」→○「ちょっと私の記憶と違うのですが」
×「いや、それには賛同できません」→○「二、三質問させてください」

テクニック 63 ストレートなネガティブ表現よりも「婉曲なポジティブ表現」が伝わる

たまに「毒舌家」を気取って、意識的にネガティブでキツイ表現をする人を見かけますが、コミュニケーションを阻害する要因になっていることが多いものでしょう。

×「このデザインははっきり言ってチープだ。貧乏くさくて駄目だ、やり直せ」
×「おたくの会社は優柔不断だ。何で臨機応変に動けないんだよ、馬鹿げてるぞ」
×「彼は使えないよ。頑固一徹で自分のやり方を通したいだけの人間だから」

こんなネガティブ表現で、何もかも切り捨てていると人が寄ってこなくなります。

もっと品のよい言葉を使うように、**「変換」の習慣をつけたほうがよいでしょう。**

率直すぎるモノいいよりも、婉曲《えんきょく》にポジティブ表現をしたほうが思いも伝わるのです。

★「貧乏くさい」「安っぽい」↓「庶民的」「お手頃」「リーズナブル」
★「優柔不断」↓「思慮深い」「熟慮するタイプ」
★「馬鹿げている」↓「理解を超えた」「ユニークすぎる」
★「使えない人間」↓「扱いに苦慮する人」
★「頑固一徹の人」↓「こだわりをもった人」「筋を通したい人」
★「わがままな人」↓「自由奔放」「自分流の人」
★「行儀が悪い」「無作法」↓「様式にとらわれない」「自然体の」
★「要領だけいい奴」↓「状況判断の鋭い人」
★「間抜けな人」↓「おっとりした人」

point
「ネガティブ表現」を「ポジティブ表現」に変換する！
品格のある人物像を目指す。

トーク例 example of talk

★「経験不足の人」→「未知なる人」「新鮮さが売りの人」「これからの人物」
★「何にでも首を突っ込む人」→「守備範囲の広い人」「多芸多才な人」

64 テクニック

電話は声だけで会社を代表している

どこかの会社に電話して、「アレレ？」という杜撰《ずさん》な応対をされて驚くことがあります。電話は声だけのコミュニケーションで、応対に出る人がその企業を代表していることを忘れてはいけません。

変な会話にならないよう定型フレーズをしっかり押さえておきたいものです。

★「声が小さくて聞こえません」↓「恐れ入ります。お電話が遠いようですが」

★「え？　どちらさん？」↓「恐れ入ります。もう一度お名前を伺わせてください」

★「え？　○○？　あいつ、いたかな」↓「○○ですね。少々お待ちくださいませ」

★「○○は本日お休みですが」↓「○○は本日休暇を取っておりますが」

★「あのね、実はね」↓「いただいたお電話で恐縮ですが、よろしいですか？」

★「え？　電話番号間違ってますよ」↓「失礼ですが、何番におかけでしょうか？」

★「○○はいませんよ」↓「○○は席を外しておりますので、折り返しお電話させますが」

★「えー何なの？」↓「私ではわかりかねますので、担当におつなぎいたします」

★「何か伝えます？」↓「何かお言伝があれば、お伝えいたしますが」

受ける場合だけでなく、かける場合にもスマートな会話を心がけたいものです。

point

電話での定型フレーズに通じておく！
顔が見えないだけに言葉が際立つ。

トーク例　example of talk

×「○○はお休みを頂戴しております」→○「休暇を取っております」（謙譲語は不要）
×「すいませんけど、どちらさんですか?」→○「恐れ入ります。お名前をお聞かせくださいませ」

65 テクニック

相手に気分よく向き合ってもらうことが大事

ビジネス現場のコミュニケーションで大切なのは、**「ホウレンソウ（報告・連絡・相談）」**です。仕事の進捗状況や対処法などについて、つねに連携を保っておかないと、あとから「話が違った」「聞いていなかった」などとなりかねないからです。

接触頻度が高いほど親近感も信頼感も増すことは、心理学の実験からも明らかです。

ホウレンソウで気をつけるべきは、相手にきちんと向き合ってもらうことです。

「ちょっとだけ、お時間よろしいでしょうか？」とか、**「少し、相談に乗っていただきたいことがあるのですが」**などの間合いをとり、相手と呼吸を合わせることが大切です。

いきなり、「例の件なんですが」とか、「ちょっと質問ですけど」などと話を振っていくと、相手はまだ受け入れ態勢になっていないので不快に感じます。

ホウレンソウの受け入れに、スムーズに向き合ってもらうためにもアプローチは大切なのです。そして相手の了承を得たのち、**「○○についてのご報告です」**などと切り出します。

A「いま、ちょっとだけよろしいですか?」
B「お、いま忙しいけど、何かな?」
A「○○の件でお耳に入れたいことがありまして」

「ちょっとだけ」「ほんの少し」などと付け加えるのは**「極小依頼」**です。忙しくしている相手にも、「それぐらいなら聞いてあげないと」と思わせる効果があり、よく使われています。

point

「相談」「質問」の際のかしこい「アプローチ」の仕方!
相手にスムーズに向き合ってもらうことが大切。

トーク例 example of talk

「少しお時間をいただきたいのですが」「ちょっとご相談させていただきたいのですが」
「いま、よろしいでしょうか?」「お知恵を拝借したいと思いまして」

テクニック66

「くやしさ」「哀しみ」「失望」「落胆」といった気持ちに寄り添う

相手が「苦しい状況」にある時や「気の毒な局面」にあることを知った時、かけるべき適切な言葉を知らないでいると冷たい人間――と誤解されかねません。

ポイントは、解決策を提示したり、アドバイスを送るといったこと以前に、相手の気持ちを推し測り、どれだけ心を寄せられるか――ということに尽きるでしょう。

「今回は運が悪かったね」…運やタイミングのせいにして本人の能力否定を回避する。

「私も過去に同じような経験をしたよ」…失敗談の自己開示で親近感をもたせる。

「いい経験だったと思おう」…失敗があるから成長するという含意を伝える。

「失敗できるのもいまのうち」…若いうちの失敗だからこそ再起できることを伝える。

「きみの努力は神様が一番知っている」…努力には頭が下がると敬服の気持ちを伝える。

「今日の失敗が明日の糧になるんだ」…発想の転換を促す。
「チャレンジすることが大事なんだ」…勇気を讃える。
「俺はお前の味方だ」…絶対に見捨てない気持ちを示す。
「失敗の数の上に成功があるんだ」…再起を鼓舞する。
「また、やろうぜ」…めげない意志を仲間に伝える。
「アレで駄目なら仕方がないさ」…人生あきらめも肝心と割り切らせる。
「相手が手強すぎたな」…挑む相手を間違えただけと悟らせる。
「いつまでも引きずるなよ」…失敗にめげず、「前を向こう」と促す。
「ゆっくり休めよ」…人生で休むことの大切さを説く。
「よくわかるよ、きみの気持ち」…しんみりと共感を伝える。

point
「なぐさめ」「いたわり」「励まし」の際に覚えておきたい「言い回し」！
相手の感情にどれだけ寄り添えるかが課題に。

トーク例 example of talk

「悲しいね」「つらいよな」「よくわかるよ」「惜しかったね」「どうってことないさ」
「またやろう」「運が悪かっただけだよ」「長い人生なんだからさ」「メシに行こう!」

テクニック 67

相手のメンツをつぶさず「その場」でスマートに断る方法

ビジネスの現場で上手に断れない人は不利益を被ります。

上司「今度の土曜日、きみ空いてる？」
部下「え？　あ、はい、空いてますが……何か？」
上司「実は、うちの娘のピアノの発表会があるんで、聴きに来てほしいんだけどな」
部下「え、わたしがですか？　そ、それは喜んで……（くそ、休日がつぶれた！）」

最初に「空いてる？」と聞き、イエスと言わせてから用件を伝え、あとから断れなくさせるトークはよくあります。こんな時は、**「えーと、日程表を見てみないとわかりません が、なんでしょう？」**と切り返しの質問で、先に相手に用件を答えさせるべきでした。それなら適当な理由で断れたのです。

では、本来のその場で断る定型フレーズを覚えておきましょう

★「申し訳ありません。せっかくのお誘いですが、先約がありまして」

★「すみません。今日は無理です。明朝一番でよければ対処しますが」

★「申し訳ございません。値引きは無理です。新製品ですから。旧製品なら検討できますが」

「謝罪の言葉」→「断りの言葉とその理由」→「代替案（ある場合）」の順序になります。

point

上手に断る定型フレーズを覚える！

相手のメンツを慮ってスマートに断る。

トーク例 example of talk

「申し訳ございませんが、あいにく先約がありまして」「結構なお話かと存じますが、うちでは難しいと判断いたしました」「ご希望に添えず残念ですが」「大変光栄に存じますが私には荷が重いので」

68 テクニック

相手の自尊心を満たす「格調高い依頼の言葉」

前項で紹介したように、「依頼する側」にとっては、相手にできるだけ断られないようにお願いすること——も肝になっています。

のちほど、**第6章「NOをYESに変える！ 相手をその気にさせる『会話のマジック・キーワード』」**で詳しく取り上げますが、ここでは相手の自尊心に強く訴える言葉を使い、かしこく「依頼」する方法を見ておきましょう。

「○○さんにしかお願いできないことです」…相手を「限定・希少価値」で讃えます。
「一生恩に着ます。たってのお願いです」…プライドの高い人には徹底的にへりくだる。
「ぶしつけなお願いで恐縮ですが」…親しくない相手に「依頼」する時の定番フレーズ。

「お力添えを賜りたく」…助力を願う時の言葉。反対されないための根回しにも使う。

「無理を承知のお願いなのです」…自分勝手な依頼をする時のセリフです。

「依頼」の時には、とりわけ言葉は丁重にしたほうが、厳《おごそ》かになり、重みも出るでしょう。軽い感じで「なあ頼むよ、いいだろう?」などとタメグチでやったのでは、真剣みが伝わらず、「無理なものは無理だよ、ゴメンな」とカンタンにスルーされやすいのです。

親しい間柄でも「たってのお願いだ。きみしかいない。一生のお願いだ」が効きます。

point

かしこく「依頼」して断られない定型フレーズ!
「断られない」頼み方を研究する。

トーク例 example of talk

「切にお願い申し上げます」「伏してお願いいたします」「たってのお願いです」
「何卒ご検討賜りたく」「○○さんにお願いするよりほかないものですから」

第5章

知っておくと雑談に使える「雑学・ウンチク」ネタ

100円のコーラを10円で買う方法ご存知ですか？
エエッ⁉
そんな方法あるの？教えて教えて！

★雑学ネタは好奇心が刺激される！

テクニック69

会話を盛り上げるキッカケになる「雑学ネタ」（食品編その①）

会話が一段落ついた時などに、「ところで、○○ってご存じでしたか？」などと、新しい話題を提供すると雑談が盛り上がります。

ここからは、そんな「面白ネタ」をいくつか種類別に紹介していきましょう。

「胡瓜ってなぜキュウリと言うかご存じですか？　胡瓜って、ウリ科のつる性1年草の実なんですよ。平安時代から栽培されてて、昔は熟した『黄色い』状態で食べてたそうで黄色い瓜ってわけなんです。いまは未熟な緑色の状態で私たちは食べてるんですけどね」

「キャビアって、チョウザメの卵の塩漬けで有名ですよね。でも、チョウザメってサメじゃないんですよ。サメに似た古代魚の一種だそうですよ」

「グレープフルーツのグレープって名前の由来をご存じですか？　実が成る時、なんとブドウみたいな房状になってるんですよ。それでグレープって名がついたそうですよ。写真で見ると面白いですよ」

「日本の食料自給率は39％で先進国の中で最低と習いましたよね。でも、これはカロリーベースの話で、生産額ベースでは66％もあり、中国、アメリカ、インド、ブラジルに次ぐ世界第5位の農業大国だそうです。保護政策を続けたい農水省の企みが背景にあるようですよ」

point
食品ネタは馴染みやすい！
もっとも身近な雑学トーク。

トーク例　example of talk

「イチゴ、メロン、スイカは果物か野菜か?」→「うーん、難しいな、果物かな?」

「正解は果実的利用が多いので『果実的野菜』と農水省は分類してますよ」

70 テクニック
「へーっ！」の驚きが話題をひろげる「雑学ネタ」（食品編その②）

「食品や酒類で、『モンドセレクション最高金賞受賞』の製品ってあるでしょ。あれ、ベルギーの民間団体に、10万円ほど出して審査してもらうと、なんと8割が入賞する賞なんだそうですよ」

「地球上で一番収穫量の多い果物ってご存じですか？　正解はブドウで、8割がワイン用だそうですよ」

「タラバガニとズワイガニの違いをご存じですか？　実はタラバガニ、アブラガニ、花咲ガニは、カニではなくヤドカリの仲間なんです。だから左右で大きさの異なるハサミ1対と太い脚が3対あるのです。ズワイガニなどのカニ類はハサミも左右対称で、細い脚が4対付いているんですよ」

「サメは泳ぎ続けないと死ぬといわれます。実はカツオやマグロ、カジキやエイなどの大型回遊魚の他、サンマやイワシなどの回遊魚も同じだそうです。口から海水を吸って酸素を取り込みエラから出す仕組みで動き回りながら寝るそうです。回遊魚の一部だけらしいですけどね」

「魚には痛覚がないので、活き造り料理は残酷でない——と言われますが、少しは痛覚もあるらしいですよ」

point

よりマニアックな食べ物ネタでウンチクを披露する！
雑学から話題を広げる。

トーク例 example of talk

「モンドセレクションに出品する企業で1番多い国は?」→「日本かな」
「正解です。審査対象品の5割が日本企業で、うち8割が入賞してます」

71 テクニック

クイズにして「博識だね!」と盛り上がる「雑学ネタ」(食品編その③)

「市販価格100円~150円の清涼飲料水を10円で買う裏ワザがあるのをご存じですか? 清涼飲料水の材料費は大体コーラで2~3円、その他のものでも売価の10%以内だそうです。缶容器もペット容器も10円前後なので清涼飲料水の原価は20%前後だそうです。スーパーやコンビニは賞味期限が半年以内になった商品は仕入れてくれないそうで、そのため100台に1台ぐらい存在する激安自販機メーカーに25円ぐらいで流れます。賞味期限が近付くにつれ売価も下がり、80円、50円、30円と安くなり、1ヶ月を切ると10円で損切り処分されるんです。この激安10円自販機を見つけておけば、いつでも10円で清涼飲料水が買えるというわけなんです」

「カレーライスといえば、海上自衛隊では金曜日の食事に必ずカレーが出るそうです。

どうしてかというと、海上勤務で曜日の感覚を忘れないための昔からの習慣になってるんだそうですよ」

「牛乳はなぜ白いかご存じですか？　雪や雲が白く見えるのと同じ原理で、光の反射作用によるものだそうですよ」

「立ち食いそば店のソバは、小麦粉１００％のうどんと同じ成分のソバも多いそうですよ。ソバ粉が入ってない小麦粉ソバです。１杯３７０円の天ぷらそばの原価は24〜25％で、原材料費は90円前後ですよ」

point

ビジネスネタにつながる食べ物ネタでウンチクを披露する！
ビジネスマンも食いつく雑学。

トーク例　example of talk

「飲食店でソバ粉ゼロのソバが問題にならないのはなぜ?」→「合法だから?」
「正解です。小売店でソバ製品を売る時は規制があるけど、飲食店ではありません」

テクニック 72

「ローカル」が入ると予想外に盛り上がる「雑学ネタ」(地名編)

「山口県のご出身ですか。いやぁ、山口県の県道のガードレールって白じゃなく黄色なんですよね。はじめて観た時はビックリしましたが、事故防止には目立ってて、なかなかシャレてていいですよね」

「地方から東京にクルマで向かう時、国道の標識に『東京まで○キロ』って表示があるでしょ? あれって、東京のどこを指しているかご存じでしたか? 国道だと日本橋なんですよ。日本橋には道路元標《げんぴょう》があります。ちなみに高速道路の場合は東名が東京IC、中央は高井戸、関越は練馬とそれぞれ異なるんですよ」

「JR品川駅は品川区内にはなくて港区にあり、JR目黒駅も目黒区内にはなくて品川区にあるんですよ。千葉県にあるのに東京ディズニーランドというが如しなんですかね」

「千葉県は平均標高43メートルで500メートル以上の山がない日本一平坦な県なんですよ」

「札幌の地下鉄って、鉄輪でなくゴムタイヤで走ってますが、なぜだと思いますか？　急こう配が多かったからだそうですが、乗り心地がよい割にはすごくコストが高いそうですね」

point

地方ネタでウンチクを披露する！
沈黙が続く気まずい車中などでも使える。

トーク例 example of talk

「日本の都道府県市町村など、地方自治体数はどのぐらいある?」→「1000ぐらい?」
「正解は2013年1月時点で1742。地方議員は36449名で3400億円の税金が払われる」

73 テクニック

「動物ネタ」はほっこり息抜きにピッタリの「雑学ネタ」（動物編）

「キリンは警戒心が強く、一日に20分しか眠らないそうですよ。でも、横になって眠るのはそれぐらいでも、実際は立ったままでも時々寝ている――と考えられているそうです」

「馬に乗って公道を走ることも法律上はOKだそうです。その場合は、自転車や原付バイクと同じ扱いで軽車両に分類されるそうですよ。一度、馬に乗って公道を闊歩《かっぽ》してみたいものですよね」

「シロナガスクジラは地上最大の生物ですが、大きいものは最長30メートル前後もあります。30メートルというと、ほぼ10階建てのビルですから巨大です。一日に主食のオキアミ（エビに似た甲殻類）を4トン食べるそうです。赤ちゃんは生まれた時からすでに7〜8メートルあり、体重15トン、一日90キロずつ急速に大きくなるそうですよ」

「ハリーポッターは、ヘビと話ができるんですよね。でもヘビは体表に耳がなく、聞こえないといわれているのにどう話を聞くんでしょう。実はヘビは、全身の皮膚感覚が非常に発達していて空気振動や地面の振動を敏感に感じ取ることが実験で確かめられています。なのでハリーポッターとは心の声で交信したのでは——と私は睨《にら》んでますよ」

point

動物のネタでウンチクを披露する！

動物と赤ちゃんネタは老若男女問わない鉄板テーマ。

トーク例 example of talk

「ヘビがチロチロ舌を出すのはなぜだと思う?」→「噛みつく前の準備かな?」

「正解は、獲物や外敵の匂いの粒子を集めてるんです。口の奥で匂いを感知するんです」

74 テクニック

一気に視界がひろがる世界の「雑学ネタ」（世界編その①）

「マクドナルドは関東ではマック、関西ではマクドと呼びますが、フランスでもマクドと呼ぶんだそうですよ。マックと呼ぶと女衒《ぜげん》（売春婦のヒモ）を意味する発音に近くなるからだそうです。ちなみにフランスのマックではビールまで売ってるそうですから驚きますよね」

「ベトナムではホンダの進出が早かったせいで、バイクのことをすべてホンダと呼ぶそうなんですよ。ベトナムでは、渋滞や環境汚染防止のため、クルマの普及を高額の関税で抑えたそうなんです。だから、クルマは日本の2倍以上もする超高額品になってるんです。それでバイクが普及したわけで、ベトナムではクルマよりバイクが圧倒的に多くバイク天国になったというわけです」

「地上で最も高い山は標高8848メートルのエベレストですが、標高は海抜高度です。ハワイのマウナケア火山は標高4205メートルですが、海底からの高さだと1万メートルもあり、地球で一番高い山はマウナケアだといってもおかしくないそうですよ」

「タイに行って、女性に『キレイ』というと怒られるんだそうです。タイでは、『醜い』というまったく反対の意味になるからららしいです。美しいというのは『スワーイ』と言うんですよ」

point

「世界のネタ」でウンチクを披露する！
ワールドワイドな笑いを誘う。

トーク例 example of talk

「世界人口71億人のうち、1日2ドル以下で生活する人はどのぐらいだと思う?」
「正解は6割の約42億人。1日50ドル以上で生活できる人はたったの2億人だよ」

75 テクニック びっくり仰天のトンデモ「雑学ネタ」（世界編その②）

「南極も北極も寒いですけど、どっちが寒いか、ご存じですか？　北極の氷の厚さの平均はわずか10メートルで下は海です。南極の氷の厚さは平均２４５０メートルで下は陸地です。氷の厚い南極の平均温度はマイナス50～60度、北極はマイナス25度前後。氷の厚さによって平均温度が影響を受けていて、南極は北極の２倍も寒いんですよ」

「南極でも北極でも、０度以下のマイナスなので細菌もウィルスも活動できません。でも人間の体内温度の中では細菌もウィルスも活動できるので、抵抗力が弱まると風邪をひくこともあるそうです。人間の住む環境には細菌もウィルスも共存してるんですねえ」

「イタリアにスパゲティのナポリタンは存在しないってご存じでしたか？ パスタ料理はイタリアからアメリカに伝わり、そこでアレンジされて、ソーセージやハムが加えられ、トマトソースの代わりにケチャップが使われるようになったんだそうです。このアメリカ式のパスタ料理が日本に伝わってナポリタンと呼ばれるようになったんだそうですよ。ドリアがフランスにないというのも、フランス人シェフが、日本で店を開いて考案した料理だからなんだそうですよ」

point

よりマニアックな「世界のネタ」でウンチクを披露！
「それ、ホント？」のぶっ飛び加減で座を盛り上げる。

トーク例 example of talk

「世界人口71億人のうち、トイレがなくて使えない人の数はどのくらいだと思う?」
「正解は40%の28億人が野外で用を足しているんだよ」

第6章

NOをYESに変える！相手をその気にさせる「会話のマジック・キーワード」

とっくになくなりましたよ！
でも特別に作りましょうか？
ガバッ
エエッ！
ホントですか！

★「消失感」を味わうと「執着心」が湧く！

76 テクニック
その時の「行動」や「気持ち」を物語の主人公に見立ててあげる

A「バイトで貯めた預金10万円を引き出したんだけど、道で落としちゃったよ」
B「えーっ？　バッカだなあ、お前。それで、警察に『届け』は出したのかよ？」
A「そりゃ、当然だろ。出てこなかったけどな………（不機嫌な沈黙）」

会話がしぼんだのは、Bが早く結論を聞きたくて無理やり「自分の興味・関心のある方向」に話題を引っぱったからです。Aへの共感もなくAは面白くないでしょう。

B「えーっ！　じゅ、10万円も落としたのかよ、大変だ。それでお前どうしたの？」
A「まずさ、銀行から歩いてきたルートを必死に駆け戻って、そこらじゅうを探したんだよ」

B「うんうん、そうするよな。その時、いったいどんな気分だったんだい？」

A「気分最悪で青ざめてたさ、だってね、居酒屋のキツイ深夜労働でやっと稼いだ10万という大事な金なんだぜ」

B「だよな。わかるよ。わかる。悔しくて俺だったら気が狂ってるかもだよ。で、それからどうした？」

相手のその時の「行動」や「気持ち」を、物語の「主人公」のように見立てて質問してあげると、相手はその時のことを鮮明に思い出し、気持ちも解放されて口も緩むのです。

point

相手をドラマの主人公に見立てると話が弾む！

「主人公」見立ての効用。

トーク例 example of talk

「それからどうしたんです？」「その時はどんな気分でした？」「頭にきましたか？」「それでどうするつもりだったんです？」「どんな光景が広がってましたか？」

77 テクニック ちょっとした「逆説」を会話に取り入れると「雑談」は盛り上がる

A「仕事のできないバカな上司だったんですが、二代目社長に代わったとたん、急に昇進して、いまは子会社の社長に抜擢されるほどの出世を遂げたんですよ」

B「いますね、そういう人。仕事ができる人は、かえって出世できないんですよ」

A「え？　そうなんですか？　仕事ができる人だと、かえって出世しない？」

B「ええ、仕事ができる人は自信家でね。上司にとって可愛くない存在ですからね」

A「あ、なるほどー。そういうことってあるかもですねえ。や、面白い理屈ですね」

仕事ができる人は、かえって出世しない――この**逆説的言辞**が注目を引き、その後の会話を弾ませていったことがわかります。

このように会話の中に常識と反対の説を組み入れると注目を引き、それへの質問を喚起してひときわ会話は盛り上がります。

これは、Aの頭の中に、「認知的不協和」の状態が生まれてしまったからこその現象です。

「なんで？」「どうして？」と注目を引いたのちに、その真意をあとから紐解いてあげると納得が得られやすいのです。

認知の不協和が解消されると頭の中に青空が広がるからです。

A「会社で雑談ばかりの人のほうが出世しますよ」
B「えっ？ 何でですか？」
A「そういう人はコミュニケーション能力が高いからですよ」

point
わざと常識と反対のことを告げて意表を衝く！
認知的不協和作用を狙う。

トーク例 example of talk

「仕事をコツコツ真面目にやる奴は駄目だよ」→「え、何で?」

「仕事は優先順位の高いものだけ効率よくやってれば、上からの評価も高くなるからさ」

78 テクニック

「よいレッテル」は自分から剥がしたいとは思わない

上司が部下に、**「お、橋本くん、おはよう。きみはいつも元気がいいね！」**などと声をかけていると、部下の橋本くんはこの上司の前で元気に振る舞うようになります。

新婚の夫が妻に、**「きみの料理はいつもうまいねえ」**と讃えていると、不味い料理がだんだん上手になっていきます。

これは、すでに50頁で紹介した心理学の**「ピグマリオン効果」**です。

人は、期待をかけられると、意識上でも無意識下でも期待に応えようとするわけです。

これを会話の中に取り入れることをおすすめします。その場での即効もあるからです。

Ａ「会社では、私のところに面倒くさい仕事ばっかり回されます」

B「きみって、愛されキャラなんですよ。顔に描いてあります」
A「え？ 私が愛されキャラですか？ そんなことないですよ」
B「愛されキャラだからこそ、きみのところに仕事が来るんです」
A「ふーん、そんなものですか。私、職場で愛されてるんですかねえ」
B「間違いないです。いいことですよ。若い頃は愛されキャラじゃないと出世しませんよ」

「よいイメージ」のレッテルを貼られると、自分から剥がしたいとは思わなくなります。
だんだん「愛されキャラ」になっていくのです。

point

わざと相手に「よいイメージ」をプレゼントする！
「ラベリング効果」の意図的活用を心がける。

トーク例 example of talk

「きみって愛されキャラだね」「きみは仕事がいつも早いね」「きみは、頭いいね」
「きみは行動派だね」「きみはむずかしい得意先の開拓がうまいね」

テクニック 79

「つまらない人間です」などの正直アピールは会話をしぼませる

ふだんの雑談から、人の大体のイメージというものは形成されていきます。

「子供の頃は祖父の事業が成功してて、家にはお手伝いさんが2人もいましたよ」

などと語られると裕福な子供時代を送っていたんだな——と想像してしまいます。

「高校時代に物理に目覚めて大学は物理学科、当時は物理学者を目指したものです」

などといわれると頭脳明晰な人なんだな——と勝手に思い込んでしまいます。

自慢にならない水準で、さり気なく自分を語るという自己開示によって、人と人とはコミュニケーションを深めますが、**心理学ではウソの自己開示によって自分のイメージを創り上げることを「印象操作」または「自己呈示」と呼んで区別します。**

実際、そんな試みを企てる人もいるので、人々は誤解させられます。

「この道10年の経験がありますから」というので信用していたら誇大表示だった——ということはよくあるでしょう。

詐欺師の常套手段もこの部類です。

ところで、人として「正直」であることは人間関係構築に欠かせない要素ですが、だからといって無味乾燥で人畜無害の凡人であることを強調しているだけだと会話も弾まないものです。

「何の取り柄もない、つまらない人間です」などと謙遜丸出しよりも、**「人の長所を見つけることが何より得意です」**などと自分を語ったほうが、人の好奇心も喚起させるのです。

point

それとなく自分の人柄・イメージを面白く自己開示する！
印象操作は意外に強力。

トーク例 example of talk

「飲み食べが大好きな人間です」「お笑い番組が大好きです」「霊感が強いです」「人の長所を見つけるのを得意としています」「出世する人を見分けられます」

テクニック 80

「みなさんそうですよ」のひとことに従ってしまう心理を衝く

日本人はとりわけ、「右へ倣《なら》え」の同調心理がはたらきやすいといわれています。

A「急な残業を命じられた時、デートの約束があったら、どちらを優先しますか？」
B「そりゃ残業でしょう。よほどの事情がない限り、残業優先が日本の常識ですよ」

こう告げられると、やはりそうか——と納得してしまいます。

多数派に従うのが無難だと思うからです。

家電量販店で、A製品とB製品のどちらを選ぶかで迷った時、店員さんに相談すると**「A製品のほうがよく売れています」**と言われるとA製品を選んでしまいます。

会議でも、**賛同の多い意見**に与《くみ》したり、書店でも○**万部突破**の帯の付いた「売れている本」を買ってしまいます。
心理学で有名な「**バンドワゴン効果**」です。「右へ倣え」と「みんなと同じ」が安心できるからです。
雑談の時、「**みなさん、そうしてるみたいです**」とひとこと組み入れると相手の心が動きます。
「**なぜでしょうか？**」と理由が聞きたくなり、ひとしきり会話が盛り上がるのです。

A「へーっ。みんなそうなんですかー。どうしてなんでしょうねえ？」
B「それはたぶん、○○と思うからじゃありませんか」

point
相手の「気持ち」「考え」を誘導する！
日本人はバンドワゴン効果に弱い。

トーク例 example of talk

「みなさんそうですよ」「みんな感動して泣くみたいです」「みんなが買ってるよ」「ほとんどの方はそうしますね」「これが流行です」「この人が一番人気ですね」

81 テクニック プライドを讃えられてから見くびられると反発心から「NO」といえなくなる

誰でも自負するところをもっています。会話の相手がどんな分野でプライドをもっているかがわかっていると、話を誘導するのもカンタンです。

A「部長は商談上手で、得意先を口説くのが本当にお上手でしたよね」
B「まあな。若いころから『飛び込み営業』で鍛えたからね。きみらのやってるルートセールスなんてのは、本来の意味での『営業』とか『売り込み』じゃないよ」
A「なるほどー、ですね。でも、ルートセールスでもむずかしい局面がありますよ」
B「どこがむずかしいんだよ。ご機嫌伺いしてれば注文が入ってくるだろうに」
A「はい。ただ、ライバル企業に食い込まれる局面だと、そんなにのんびりしてはいられませんよ」

B「そりゃ、油断して食い込まれるスキをつくるのが悪いんだよ」
A「実は富士物産さんがやばいんですよ。さすがの部長でもこればっかりは無理かと……」
B「なに？　うちとの取引が切られそうなのか？　よし、話してみろ。俺が何とかしてやるから」

相手の自負するところを「ほめてから・けなす」の要領なのです。

「美人のきみはイケメンとしか飲まないの？」↓「そんなことないわよ」
「さすがのきみでも、S社開拓は無理だろ？」↓「そんなことないです」

point
自尊心をいじられるとイエスと応じてしまう！
反発心理作用で会話を誘導する。

トーク例　example of talk

「さすがのきみでも無理だよね？」「○○さんはお忙しいから誘わないほうがいいですよね」
「英語の達人といわれる○○さんでも、これはむずかしくて翻訳できないでしょ？」

テクニック 82

「消失感」を味わわせると「執着」が生まれてくる

買おうと思っていた商品が売り切れてしまい、もう入荷しないとわかったら、急に地団駄踏んで悔しくなった——という経験は誰にでもあります。そして、それが他の店にたったひとつだけ在庫があった——などと聞くや、何が何でも欲しくなったりします。

希少価値が高まったからなのです。

欲しいと思ったモノが消失してしまい手に入らなくなったらガッカリします。

その後、突如出現したら欣《きん》喜《き》雀躍《じゃくやく》して嬉しくなります——この心理作用は「**ロストゲイン効果**」と呼ばれています。

誕生日に呼ばれて行った先で「**実は君への素敵なプレゼントを電車に置き忘れ、出て来なくなっちゃった。申し訳ない**」と謝ってから、「**実はウソ。はい、これがそのプレゼントです**」などと提示すると、相手はことのほか喜んでくれるはずです。サプライズにすると、ふつうのモノでも、**「価値あるモノ」**に変身するからです。
会話や雑談でも同じ効果が狙えます。いったん「消失」させるのです。

A「会社の引っ越しで、資料がどこに行ったか分からなくなったよ」
B「えーっ！ じゃ、参考にできないんですか。残念！ ぜひ拝見したかったのに……」
A「もし、よかったら、カンタンな復元資料でも作りましょうか？」
B「ほ、ほんとですかーっ！ それは感謝感激ですよ！（嬉）」

point
ふつうのモノでも「価値あるモノ」に見せる！
うっかりハマる「ロストゲイン効果」。

トーク例 example of talk

「評判がよくてアッという間に売り切れました」→「あ、ひとつだけあった。どうします?」
「もう手に入れるのはむずかしいでしょうねえ」→「代わりを作ってみましょうか?」

テクニック 83

「いままでが、ぜーんぶ無駄になっちゃいますよ」という説得が効く

交渉事が長引くと、**「今さらやめるわけにはいかない」**という執着心理が起こります。**今までにかかったコスト（経費・労力・時間）が、「埋没費用（サンクコスト）」として頭に浮かぶからです。**途中で辞めると、全部無駄になるのが怖いためやめられません。

これが**「サンクコスト」の呪縛作用**と呼ばれる心理効果です。

公共工事などでは、完成後の利用価値を高く見積もり事業に取りかかりますが、どんどん予算が膨らんでも、完成後の利用価値が見込めなくなってもやり続けてしまいます。

どうせ使うのは税金だし、途中でやめると非難されるので次々税金をつぎ込みます。

こうして無駄な道路やダムが生まれ、図書館やらのハコモノ施設が造られます。

企業の場合も同じです。多角化した事業が赤字でも、なかなかやめられなくなります。

いつか黒字になるかも——などと希望的観測にバイアスがかかるからです。

A「あたし、先生にすすめられてこのジムに入りましたけど、ちっとも痩せないし、体型も変わりません。コストもかかるし、時間ももったいないので、辞めようかと……」

B「まだ半年ですよ。効果が出るのはこれからなんです。ここで辞めたら今までのお金が無駄になりますよ」

こういわれるとズルズル続けてしまいます。スパッと辞めないともっと無駄なのにです。

point

執着させて「離脱」を阻止する！

「サンクコスト」の呪縛作用を活用する。

トーク例 example of talk

「今さら何をいうんです」「もう引き返せませんよ」「ここまできたら最後までやりましょう」「今までのすべてが無駄になりますよ」「もったいないじゃないですか、ここまで来て」

84 テクニック

すべてをひとつずつ肯定しまくっていく話法

会話の相手が謙遜したり、否定的に考えている点があったら、そこを逆手にとって**「そこがいいんですよ」「だからいいんじゃないですか」**などと指摘してあげると、面白いことが起こります。

「アレ？　自分じゃマイナスに考えていたことなのに、プラス評価をされるなんて意外だな……」と目覚め、半信半疑の気分にさせられるのです。

今までの考え方を否定され、しかもプラス評価がもたらされるのですから、**パラダイム転換**です。視界が急に晴れ渡っていく爽快な思いも味わえます。

すると、相手の言うことが本当のようにさえ思えてくるのです。

A「でもねえ、そういうことって、やったことがないしね……」

B「だからいいんですよ。未経験だからこそ、新しい視点が生きます」
A「えー？ でも、時間もそうそう取れませんしねえ……、忙しいのでうまくいきませんよ、きっと」
B「時間がない人だからこそ、お願いしたいのです。短期にポイントだけをインスピレーションで見てほしいんです」
A「うーん、そういわれるとねえ、ホントにいいんですか？（だんだんその気に）」

マイナスをすべてプラス評価して押しまくられると、NOといえなくなるのが人間なのです。

point
相手が否定的に考える「条件」を肯定してつぶしていく！
逆説的説得で「NO」と言わせない。

トーク例 example of talk

「そこがいいんですよ」「だからお願いしたいんです」「それがかえって強味になります」
「そうおっしゃると思ってましたよ」「逆転の発想が大事です」「これぞチャンスですよ」

テクニック 85

自分の世間的イメージと対極のイメージを伝えられると心が揺らぐ

占い師がよく使う「バーナム効果」については110頁で紹介しました。

誰にでも当てはまることを、さも相手にだけ当てはまることのように告げ、自分のことと思わせて心を揺さぶっていく手口のことです。

その応用編として面白い効果があるのが、会話の途中で「本当のあなたは○○ですね」などと、相手の心の内を、さも見透かしたかのように断定する手法になります。

見透かしたように告げる内容は、その人のイメージと対極のことを言えばよいのです。

A「なるほどね。わかりますよ。本当のあなたはとても冷静な人ですね」
B「えっ？　あたしって冷静？　落ち着きがないっていってよく言われるんですけど…」
A「いえいえ、そんなことはありません。私にはよくわかります。あなたは非常に

冷静で物事をよく考えている人ですよ。だからこそ、あれこれ気を回し、落ち着きがないぐらいの気配りをする態度に表われているのです。あなたには幸せな人生が待っていますよ」

こんなふうに相手のマイナス要素と正反対のプラス評価を告げ、人生の予言までしてあげるとどうでしょう。

自分の内面を非常によく理解してくれている人だ――とうれしくなるはずでしょう。

ドキッとさせられ、自分の「**真の理解者だ**」と思えると、たちまち信頼感さえ育まれてくるのです。

point

ドキッとさせて話題をひろげる！
バーナム効果は占い師の伝統的手口。

トーク例 example of talk

「本当のあなたは○○ですね」「あなたは本当の自分にまだ気づいていませんね」
「本当のあなたは○○タイプなんですよ」「あなたには今、やりたいことがありますね」

テクニック 86

自分の専門分野や得意分野の知識で相手の無知につけこむ

人に何かの話題を振り向ける時、「ご存じの通り」とか「ご承知のことと存じますが」という前置きをつけると、相手には丁寧でへりくだった印象を与えられます。謙虚にモノをいう人というイメージが作られるのです。

「あなたのような博識の方は当然知ってらっしゃることですよね」と共有認識にして、もち上げられるのですから、言われたほうは悪い気がしないのです。

しかし、このセリフは、相手の「無知」につけ込む時こそさかんに用いられます。

「ご承知の通り、４ＬＤＫの戸建ての場合、外壁塗装を行えば、ゆうに１００万円以上はかかります。しかし、弊社の施工なら、相場の３割引きでできるんです」

外壁塗装にいくらかかるかなんて、やったことのない一般の人には見当もつきません。このように、業者とお客との間に存在する知識量の差を**「情報の非対称性」**といいます。

「ご承知の通り」などといわれると、知らなくても「そうなんだ」と妙に納得してしまう人も出てくるわけです。

巧妙に「一般論」や「世間の常識」へのすり替えができるのです。

会話や雑談でのやり取りを、自分に有利な方向にもっていく時にも使われます。

「ご存じの通り、それは○○が常識ですよね」などといわれても、騙されないようにすることです。

point

「情報の非対称性」を味方につける！
だまされてはいけない共有認識効果。

トーク例 example of talk

「ご存じの通り」「ご承知のことと存じますが」「きみが知る通り」「もちろんご存じですよね?」「従来は○○が常識でしたが」「ふつうだと、○○円ですが、今回は特別に○○円で」

テクニック 87

思考の枠組みを変える習慣があると会話や雑談は盛り上がる

「モノもいいようで角が立つ」「丸い卵も切り様で四角」などの例えがあります。言い方ひとつで相手に腹を立てさせたり、円満にコトを運ぶことができるわけです。心理学の**「リフレーミングテクニック」**を意図的に使うと会話や雑談が盛り上がります。同じことをいうのでも、イメージを変えたり、物事を強調できるからです。

また、思考の枠組みそのものを変えてあげることも可能です。**パラダイム転換**です。

「この手術は9割の人が助かります」といわれれば受けてみようかと思い、**「この手術の死亡率は10％あります」**だとやめたくなります。

「就活で１００社にエントリーしたけれど就職先が決まらない」と悩んでいてもはじまりませんが、**「そうだ、自分で仕事を作って会社を起こせばいいんだ」**と考えれば他人と違った発想での希望も手に入れられるでしょう。

本来、物事や出来事そのものに意味はないのです。意味付けするのは人間の思考です。よって、思考の枠組みを変える習慣をもっていると会話や雑談も弾むのです。

妻「安心な老後のためにもマイホームを買っておきたいわ。一戸建てとマンションのどっちがいいのかしら？」

夫「30年後にローンを払い終わったら家はボロボロで、将来は人口も減るから、家はいまより安く買えるよ」

妻「そっかー。借金背負うより借家住まいのほうがトクかもね」

point

言い方を変えることで思考の枠組みを変える！

リフレーミングテクニックで自説にラクラク誘導する。

トーク例 example of talk

「成功する確率は8割もあります」「途中でやめるから失敗になるのです。成功するまでやめなければ失敗にはなりません」「転職しても次がよくなる保証はありません。副業で独立のタネを撒くほうが賢明です」

テクニック 88

「気の毒な事情」を告げると「わがまま」が通ってしまう

前項で思考の枠組みを変える「モノの言い方」について紹介しましたが、同じように思考の枠組みを変え、さらに自分にとって都合のよい方向にコトを運ぶ手法があります。

「すいません、急いでいるものですから」——困った事情を伝えるひとことです。

こう告げると、道を塞いで歩いていた人たちも前を空けてくれたり、コピーを取っていた人も順番を譲ってくれたりするのです。**困った事情を伝えると「わがまま」が通る**——という事例で、心理学ではよく知られた原理です。

気の毒な事情を抱えている人を目のあたりにすると、人は**「援助行動」**に及ぶのです。

「援助行動」とは、自分に何の関係もないのに、利他的行動を取ってしまうことです。

上司「きみは、いつも残業を断ってさっさと帰るけど、仕事が好きじゃないのか

い？」

部下「申し訳ありません。実は両親がともに寝たきりで、私には介護の時間がどうしても必要なものですから」

上司「えっ！ そうだったのか、知らなかったよ、すまん。言ってくれればよかったのに……」

一瞬にして相手にパラダイム転換をもたらせるわけです。

A「あたし、母子家庭で母の入院費用のためにキャバ嬢をやってます」

B「えっ？ そうなのか。エライなきみ、指名で延長してあげよう」

point

言い方ひとつで「わがまま」が通ってしまう！

「援助行動」を誘発される人間心理。

トーク例 example of talk

「会社をリストラされまして」「両親が寝たきりなもので」「きのう泥棒に入られまして」「実家が火事で全焼したんです」「うしろのクルマに追突されて」「10万円落としちゃって」

89 テクニック

「仮定の話」と振られると錯覚して本音がこぼれ落ちる

雑談を交わしていても、話題がプライベートにおよんだり、ビジネス上のデリケートな部分にさしかかると誰もが言葉を濁します。

どこまで話していいものやら躊躇《ちゅうちょ》して、ガードが固くなるからです。

ストレートに尋ねると、緊張させて、よけいに口を閉ざさせることにもなるでしょう。

そんな時には、「**もしかしてなんですが**」とか「**たとえばの話なんですが**」と軽い枕言葉をつけて「**仮定形の質問**」にすると、ポロッと本音がこぼれ落ちます。

「仮定の話」と錯覚し、ついつい秘密の扉を開けてしまうのです。

A「**もしかしてなんですが、**愛妻家の部長でも、浮気の経験とかはありますか？」

B「そりゃまあ、若い頃はな。お水の女性と少しは……。昔の話だぞ(汗)」

＊　＊　＊

A「たとえばの話ですけど、この部品の製造原価って、せいぜい10%ぐらいですよね？」

B「いやいや、そこまで低くはないよ。まあ20%ぐらいかな……(汗)」

＊　＊　＊

A「仮の話だけど、きみぐらいだと、年収は1千万円超えてるよね？」

B「あのねえ、昔はそれぐらいあったみたいだけど……(汗)、オレは43だけどまだ届かないよ。もう、あと5年ぐらいかな」

point

相手の「本音」や「秘密」をほじくり出す！
仮定形の質問で本音がポロポロ。

トーク例 example of talk

「たとえばの話ですが」「もしもですよ」「まあ、大体のところでいいんですが」
「もしかしてなんですが」「仮の話なんだけど」「ざっくりの話でいいんですけどね」

テクニック 90

印象を強めたいフレーズは「うしろ」にもってくる

並列させた事柄を伝える時に、マイナス要素を弱くしたり、プラス要素を強くするトークの仕方があります。

「系列位置効果（親近化効果とも）」という現象で、二つの事柄が並んだ時には、あとのほうの言葉が強く印象に残るのです。

「彼はカッコイイけど気が弱いよ」というとマイナスのイメージになりますが、**「彼は気が弱いけどカッコイイよ」**というと、プラスのイメージになるでしょう。

「あの人は立派な人だけどケチだよ」というと悪印象ですが、**「あの人はケチだけど立派な人だよ」**というと好印象になるのです。

会話の途中で、自分側のイメージが相手に対して必ずしも好印象に映っていない――と思えるような時には、この手法を使って強調すれば挽回することができるでしょう。

A「たしかに弊社は大企業ではありません。しかし、大企業でもずさんな商品出荷の事例は絶えません。弊社は中小企業ゆえに、すみずみまで人間の目で細かくチェックする体制が万全なのです」

B「なるほど、きめ細かくチェックする体制が整っているのですね。それは安心かもだね」

point

マイナスをプラスに変え、プラスをマイナスに変える！
好嫌の記憶を操作する系列位置効果。

トーク例 example of talk

「彼女はキツイ性格だけど美人だよ」↔「彼女は美人だけどキツイ性格だよ」
「成績は悪いですが、人間力は高いです」↔「人間力は高いのですが成績は悪いです」

91 テクニック

「NO」といわせずにどちらかを選ばせる質問法

相手に「イエス」か「ノー」かを尋ねるのは、直球の**クローズド・クエスチョン**です。

相手に「どうですか？」とお伺いを立てるのは、**オープン・クエスチョン**です。

しかし、どちらの尋ね方でも「ノー」の答えを避けることはできません。


はじめから、相手に「ノー」といわせない尋ね方があります。

「イエス」を前提にして二者択一式に質問する方法です。そもそも「イエス」と決めつける前提がおかしいので、「誤前提暗示」とも呼ばれる質問法になります。

これだと、「ノー」の確率が下がります。

A「ぼくとデートするとしたら、銀座と六本木のどっちがいい？」

B「えーと、そうね、六本木のほうがいいかな」
A「じゃあ、今日と明日のデートだったら、どっちがいい？」
B「え？ じゃ、今日がいいかな」

ダブルバインド（二重拘束）の無理強いトークとしても使えます。

「金欠のオレに3千円恵んでくれるか、来週の給料日まで1万円貸してくれないか？」と同僚に頼まれると、たいてい1万円貸すほうを選ぶでしょう。同僚に「ノー」とはいいにくいからです。

どっちもイヤなのですが、人は少しでも負担の小さい、条件の軽いほうで妥協しようとするのです。

point

「NO」といわせず承諾を得る誘導トーク！
二者択一式質問法で「イエス」の答えを拘束する。

トーク例 example of talk

「AとBのどちらがいいですか？」「○○と××だったらどちらがお好きですか？」「カツ丼と鍋焼きうどんのどっちにする？」「現金でお求めになりますか？ それともカードですか？」

テクニック 92

理由を考えることで「自己説得」も深まっていく

A 「『○○が問題だ』と、あなたはなぜそう思われたんでしょうね？」

B 「えっ？　うーん。そうですね、小さなアクシデントがあり、それから……」

「○○が問題」「○○に原因」といった総括的なフレーズを相手が使う時には、あらゆる要素がひとくくりにされています。

NLP（神経言語プログラミング）という実践心理学と言語学を応用したコミュニケーション解析手法では、これを「名詞化」と呼んでいます。

この場合は、物事の「省略」「歪曲」「一般化」がすすんだ結果、「誰がどのように」といった「動詞的要素」が抜け落ちて、問題の本質が見えにくくなっているのです。

「なぜ、そう考えましたか？」などと尋ねることで名詞化の溶解を促してあげるとよいわけです。

すると、「○○が問題」という決めつけが、いくつかの要素に分解され、物事がわかりやすくなっていくのです。

人は、会話の途中で**「なぜ、そう思われたのですか？」**などと質問されると、「うっ！」と詰まります。質問されると反射的に「答えなければ」と無意識に反応するからです。これが**「逆質問」**の威力なのですが、この質問で主導権もこちらに移るわけです。

「なぜですか？」「どうしてそう思うのですか？」と不意に尋ねられると、人はその理由を考えます。これが話題をひろげ、深いコミュニケーションへと導くキッカケになることが多いのです。

point

理由を考えさせることで深いコミュニケーションにつなげるトーク！

ＮＬＰの「名詞化溶解テクニック」を用いる。

トーク例 example of talk

「なぜ、そう考えたのですか?」「どうしてそう思われたのですか?」「理由は何でしょう?」「なぜそれを選んだのですか?」「どうしてそんなことを言ったのでしょうか?」

93 テクニック

人は「一貫性の原理」と「返報性の原理」に縛られる

人にお願いごとをする時に覚えておくとよい心理テクニックがあります。

第1段階「これ、ちょっとお願いしてもいいですか?」→「はい、いいですよ」
第2段階「ありがとう。これもお願いしていい?」→「ああ、いいですよ」
第3段階「悪いね、ついでにこれもいい?」→「え? まあいいけど」

最初に小さなお願いごとをすれば、**「極小依頼」**ですから、たいてい承諾してもらえます。**「それぐらいなら」**と引き受けるのです。そのあと続けて、少しずつ水準を上げた依頼を重ねても通ってしまうのが、この**「段階的依頼法」**です。人は最初に「YES」と承諾すると、途中で断れなくなる習性がはたらきます**(一貫性の原理)**。

もうひとつ、覚えておきたいのが「**譲歩的依頼法**」です。

第1段階「これ、お願いできない？」↓「駄目だよ、そんなの」
第2段階「そう……（ガックリ）」
第3段階「じゃ、これなら、いい？」↓「まあ、それぐらいなら」

最初のお願いごとは、わざと断られるように仕向けた**ダミーの大きな要求**です。「**そんなの無理ですよ**」と断られたらガッカリするわけです。

すると、相手は罪悪感を感じ、次に小さくして出した**本命の要求**には、こちらが譲歩したと思い、つい「**返報性の原理**」で応じてしまうのです。

point

お願いごとを通す時の誘導トーク！

段階的依頼法と譲歩的依頼法に通じておく。

トーク例 example of talk

「これもついでにお願いしていいですか?」→「え?　ま、それぐらいなら」
「駄目ですか?　じゃあこれならどうでしょうか?」→「え?　ま、それぐらいなら」

第7章

「笑い」と「感動」を呼び起こす「話題ネタ」の選び方

失敗しても
ヤベーッとか
言うのは禁句
なんですよ！
矢部課長が
睨んできますから
アッハッハー
あるある
そーゆー
のって！

★ひとつのネタから話がひろがる！

94 テクニック

ちょっとした「失敗ネタ」として使える「言い間違いネタ」

面白ネタは、日頃からつねに仕込んでおくと、ここぞという時に使えます。手帳にメモして、時々眺めていると記憶に残り、話題の供給にこと欠かなくなります。
まずは、日常の「言い間違いネタ」の例をいくつか紹介しておきます。

「新入社員の頃、来客に、私一人で応対した時です。緊張して『どちら様でしょうか？』というべきところを『何様でらっしゃいますか？』と尋ねて失笑されました」

「趣味が料理でして。分葱《わけぎ》の酢味噌和《あ》えを作りたいと思って、八百屋さんで『ワキゲありますか？』って言っちゃったことがありますよ」

「街で偶然上司と出会った時、息子さんを連れていたので『カワイイおぼっさんですね』と言っちゃいました。お坊ちゃんと息子さんがごっちゃになって赤面でした」

「得意先に行った時、『散らかっててすいませんね』といわれ、否定するつもりが『はい、とんでもなく』と言い間違えてしまい、とんでもなく気まずい雰囲気になりました」

「電話で得意先担当者への伝言として、『ご出社されたらお電話をください』と言うところを、『ご出世されたら』と言っちゃいました」

point

「言い間違いネタ」で笑いをとる！

「こんなこと言っちゃいました」の恥ネタが効く。

トーク例 example of talk

「『全員一丸となり、一糸乱れず』を『一糸まとわず』と言った人がいる」
「『彼はどこに出しても優秀だ』と言うつもりが『彼はどこを出しても』と言っちゃった」

95 テクニック

「あるある、それって」で笑い飛ばす「うっかりネタ」

「勘違いネタ」「うっかりネタ」も「あるある、それって！」と共感を呼んで受けるネタのひとつです。あちこちから拾い集めて笑いを提供してあげましょう。

「お客様用のケーキを買いに行き、部長の書いたメモを見ると、チーズケーキ3個、モランボン3個とありました。焼き肉のタレとモンブランの勘違いなんです」

「新入社員の頃、先輩と倉庫の整理に行った時のことです。倉庫内の照明が暗いので『先輩、暗いですね』って言ったら、『性格なんだよ』って返され絶句しました」

「今年の面接試験で、実家が商売しているらしい学生に、『家業は何ですか？』と聞いたら、『カキクケコ』って即答した奴がいて驚きましたよ。たしかにカ行ですけどね」

「子供の頃、あちこちの駐車場に掲げられた看板を見て『ゲッキョク』ってでっかい駐車場チェーンだなあって感心してましたけど、『月極《つきぎめ》』って読み方だったんですね」

「子供の頃、『アンダーヘアってどんな髪型のことですか？』って、先生に聞きに行ったことがあります」

point
「うっかりネタ」で笑いをとる！
「こんなことってないですか？」の勘違いネタが効く。

トーク例 example of talk

「メガネを作りに行った時、店員さんから『無色ですよね?』と聞かれたので『会社員です』と答えてしまった」「『若気の至りで』と言うべきを『若気のイタズラで』と言う人がいた」

96 テクニック

「トンデモネタ」であるほど盛り上がる「ボケネタ」

「ボケネタ」は笑いがとれる鉄板ネタのひとつです。そんなネタもどんどん仕込んでおくととっさの時に大爆笑が狙えます。大いに失敗談として笑いを提供してあげましょう。

「私、パソコンの調子が悪い時、他部署のパソコンに詳しい人に診てもらってたんです。『ドライバある?』って聞かれて、工具箱もってったことがあります」

「メールで『いつも大変お世話になっております』という挨拶を、私どういうわけか、『いつも大変になっております』って毎回送ってたことがありますよ」

「上司に『夜分失礼いたします』って送ったメールが『親分失礼いたします』でした」

「外国人の上司宛てのメールで『Dear（親愛なる）』と書き出すべきを間違って『Dead（死ね）』って書いて送ってしまい、激怒されたことがありますよ」

「うちの上司にエクセルを教えてて、枠をセルと呼びますと言ったら、『エクはどれ？』って聞かれてのけぞりましたよ」

「同僚宛にかかってきた電話で『あいにく席を外しております』というべきところを、『相変わらず』って言っちゃいましたよ」

point

「ボケネタ」で笑いをとる！
ビジネスで遭遇しそうな身近ネタが効く。

トーク例 example of talk

「上司に『S社からクレームが来ます』とメールしたつもりが、『S社からクレーマーが来ます』となっていて、上司は慌てふためいて外出してしまいました」

97 テクニック

スパイスがニヤリとさせる「外国人ネタ」

「世界」や「外国人」を絡めたジョークを紹介するのも、シニカルな笑いを誘えます。

「小話をひとつ披露します。客船が沈没しそうになり、乗客に救命具を着けて海に飛び込んでもらうべき時、船長は告げました。アメリカ人には『飛び込んでください。あなたはヒーローですよ』。イタリア人には『さっき美女が飛び込みましたよ』。ドイツ人には『規則ですから飛び込んでください』。フランス人には『飛び込んだりしないでくださいね』。日本人には『もうみんな飛び込みましたよ』という有名なジョークがありますが、ご存じですか？」

「乾杯の時、フランスでは『チンチン』っていうんです。わたし、赤面して何度も引いちゃいましたよ」

「うちの上司は新しいお客さんにいつも同じダジャレをいうんです。『ショパンが窓を閉めた。ショパン！』っていうのと『バッハが笑った。バッハッハッハ』の二つです」

「うちの新入社員面接で、アメリカの首都を尋ねられたある学生は胸を張って、『ワシントンDCです』って元気よく答えたそうです。その次に『DC』の意味を聞かれた学生は得意気に、『それはもうドットコムの略に決まってますよ』って答えたんだってさ」

point

「世界のジョークネタ」で笑いをとる！

「こんなジョークをご存じですか？」で花が咲く。

トーク例 example of talk

「明日で世界が滅亡するとわかった時。『明日はウォッカを飲んでも二日酔いにならないと喜ぶロシア人』『明日のティータイムに誰を呼ぶか考えるイギリス人』『会社に行って仕事を終わらそうとする日本人』」

98 テクニック

落ち込んだ時に力を与えてくれる「名言・格言ネタ」

会話や雑談の最中に、話題についての的を射た格言や名言、ことわざといったフレーズが出てくると、**「それ、いえてますねえ」**などと気持ちがぐっと前のめりになることがあります。

こうしたフレーズには、人の感情や思いが比喩的に表現されていたり、人生のさまざまな思いが凝縮されていたりするからです。覚えておくと盛り上がります。

「欠点なんか気にするなよ。リンカーンは、『私の経験によれば、欠点のない者には長所もほとんどないものだ』といってるよ。ぼくはこの言葉を励みにしてるんだ」

「面接なんて学歴より人柄さ。きみの明るい笑顔が何よりの武器だ。デール・カーネ

ギーが言ってるよ。『笑顔は1ドルもかからないが100万ドルの価値がある』ってね」

「才能がないかもしれない――と悩みはじめたのかい？　いいじゃないか。ドイツのホフマンという作家が言ってるぞ。『才能を疑い出すのが、まさしく才能のある証だ』って」

「くよくよするなよ。そんなことぐらいで。チャップリンいわく『人生は近くで見ると悲劇だが、遠くから見ると喜劇』だっていうぜ。そのうち、笑えるようになるさ」

point

自信をつけたい時に役立つ名言・格言！

自分を客観視させてくれる言葉。

トーク例　example of talk

●リンカーン（米国の16代大統領・1809〜1865）●デール・カーネギー（米国の著述家・1888〜1955）
●ホフマン（ドイツの作家・法律家・1776〜1822）●チャップリン（英国の喜劇役者・1889〜1977）

テクニック 99

「お金」にまつわる教訓が得られる「名言・格言ネタ」

人生とお金には不可分の関係があります。お金があるから幸せとは限りませんが、お金を粗末に扱う態度も戒められます。お金の話題で使える言葉を覚えておきましょう。

「オスカー・ワイルドってイギリスの作家は面白いことをいってるよ。『若い頃、自分は人生で最も大切なものは金だと思っていた。いま、年をとってみるとまったくその通りだとわかった』ってね。彼は若くしてもてはやされたけど最期は不遇だったからね」

「きみは、金がないから駄目だって嘆くけど、阪急を創業した小林一三《いちぞう》は『金がないから何もできないという者は、金があっても何もできない者だ』と喝破《かっぱ》してるぞ」

「耽美主義の代表といわれるオスカー・ワイルドだってこう言ってるよ。『魅力的であることよりも永続的な収入があるほうがいい』ってね。会社辞めて独立するの考え直したら?」

「『本当に大切な自由はただひとつ、経済的自由だ』とサマセット・モームはいったよ」

「なるほどそうだね。ゲーテもいってるものね。『財布が軽ければ心は重い』ってね」

point

お金の価値について考えさせてくれる名言・格言!

お金の有難みを知る。

トーク例 example of talk

●オスカー・ワイルド(英国の詩人・作家・1854〜1900)●小林一三(実業家・1873〜1957)
●サマセット・モーム(英国の作家・1874〜1965)●ゲーテ(ドイツの文豪・1749〜1832)

100 テクニック

「恋愛」や「結婚」に関する「名言・格言ネタ」

若いうちは、恋愛や結婚生活に悩むことも多いものです。そんな時、クスリのような役割を果たしてくれるのが世に満ちた名言・格言の類です。覚えておくとよいでしょう。

「恋愛ごときで悩むなよ。シェークスピアの言葉にこんなのがあるよ。『友愛の多くは見せかけ。恋情の多くは愚かさでしかない』とね。恋愛ドラマの美しき幻想にとらわれてちゃ駄目だよ」

「フランスの詩人ボードレールは『恋愛の株式市場に安定株はない』といってるよ」

「ソクラテスを師と仰いだ古代ギリシャの哲学者クセノフォンは『なるほど、あの娘は美しい。しかし、美しいと思うのはお前の眼だ』ってね。外見重視が破綻するってことは、紀元前の時代からの教訓なんだ」

「ドイツの詩人ハイネの言葉に『結婚はいかなる羅針盤でも、正しい航路を発見しえない荒海だ』ってのがあるよ。結婚生活は、ただの憧れだけじゃ成立しないものなんだよ」

「4回目の結婚が80歳の時で、97歳で亡くなったイギリスの哲学者バートランド・ラッセルは『結婚のロマンチックな幸福をあきらめると結婚は幸福になる』と言ってるぞ」

point

恋愛関係で悩んだ時に効く名言・格言!
頭を冷やしてくれる珠玉の言葉。

トーク例 example of talk

●シェークスピア(英国の劇作家・1564〜1616)●ボードレール(フランスの詩人・1821〜1867)●クセノフォン(古代ギリシャの哲学者・前427〜355)●ハイネ(ドイツの詩人・1797〜1856)●バートランド・ラッセル(英国の哲学者・1872〜1970)

101 テクニック

人生の艱難辛苦を乗り越えさせる「名言・格言ネタ」

人間関係や生き方で悩むのは、人間ならば誰にでもあることです。視点を変え、ポジティブになれる名言・格言を日頃から収集しておくと必ず役立つことでしょう。

「破天荒な役者で映画監督だった勝新太郎は、『大統領や総理大臣の代わりはいるが、勝新太郎の代わりはいないんだ』ってうそぶいてたんだよ。気位《きぐらい》のもち方がパワフルで楽しいじゃないか」

「ビートルズのジョン・レノンの有名な言葉にこういうのがあるよ。『人の言うことなんか気にするな。こうすればああ言われる――なんてくだらない感情のせいで、どれだけ多くの人が、やりたいこともできずに死んでいくのか』ってね。きみも好きな道にすすんでいけばいいんだよ」

「アオイクマって合言葉を知ってるかい？『焦るな・怒るな・いばるな・くさるな・負けるな』の頭文字のことさ。これを呪文のように唱えているると運も開けるのさ」

「福沢諭吉の残した言葉に『人生は芝居の如し。上手な役者が乞食になることもあれば、大根役者が殿様になることもある。とかく、あまり人生を重く見ず、捨て身になって何事も一心に成すべし』がある。不遇の時でも手を抜くな——という教えだよ」

point

人間関係や生き方で悩んだ時に効く名言・格言！

本書のＰＤＦ付録の名言、格言もダウンロードしてみましょう。

トーク例 example of talk

●勝新太郎（俳優・映画監督・1931〜1997）●ジョン・レノン（英国の音楽家・1940〜1980）
●福沢諭吉（思想家・教育者・1835〜1901）

おわりに

言葉を使ったコミュニケーションを可能としたのは人間だけです。

そして、私たちはその表現方法を無限に発達させてきました。

言葉の伝達は、口調に加え、顔の表情、身ぶり手ぶりが非常に重要になっています。「嬉しいです」と伝えても、表情や態度がそうでないと「嬉しくない」ことになります。

言葉を発する時には、その意味内容と全身の表現をマッチさせることが大切なのです。

なお、人には生存欲求の本能があります。

無下に否定されたり、拒絶されることを恐れるのです。それがベースになって、「認められたい・ほめられたい」という「承認欲求」を形成しています。

相手の気持ちを尊重し、どんな場面でも、最初は肯定的に受け止めることです。

それが、コミュニケーションを円滑にしていくスタート台だからです。

どうか、こうしたポイントを忘れずに、人間関係をさらに深め、よりよいチャンスをたくさんつかんでいただければと願っています。

著者

〈著者プロフィール〉
神岡真司（かみおか・しんじ）
ビジネス心理研究家。日本心理パワー研究所主宰。法人対象のモチベーションセミナー等で活躍中。
『思い通りに人をあやつる 101 の心理テクニック』（フォレスト出版）、『99% の人が動く！「伝え方」で困らない心理テクニック』（大和書房）、『相手を自在に操るブラック心理術』『必ず黙らせる「クレーム」切り返し術』『頭のいい人が使うモノの言い方・話し方』（日本文芸社）、『「見た目」で心を透視する 107 の技術』（青春出版社）、『「気がきく人」と思わせる 103 の心理誘導テクニック』（角川学芸出版）、『クレーム・パワハラ・理不尽な要求を必ず黙らせる切り返し話術 55 の鉄則』『「いい人」ほど切り捨てられるこの時代！「頼りになる人」に変わる心理テクニック 50 の鉄則』『職場の弱者につけ込む意地悪な命令・要求を賢く断わる　生き残り話術 55 の鉄則』（ＴＡＣ出版）、『だから「断わること」を覚えなさい』（ＰＨＰ研究所）など著書多数。

■メールアドレス：kamiokashinzi0225@yahoo.co.jp

面白いほど雑談が弾む 101 の会話テクニック

2014 年 3 月 22 日　　初版発行

著　者　神岡真司
発行者　太田　宏
発行所　フォレスト出版株式会社
〒 162-0824 東京都新宿区揚場町 2 - 18　白宝ビル 5F
電話　03 - 5229 - 5750（営業）
　　　03 - 5229 - 5757（編集）
URL　http://www.forestpub.co.jp

印刷・製本　中央精版印刷株式会社

ISBN978-4-89451-943-5　Printed in Japan

フォレスト2545新書

001	「損する生き方」のススメ	ひろさちや 石井裕之
002	脳と心の洗い方	苫米地英人
003	大好きなことをしてお金持ちになる	本田　健
004	あなたの会社が90日で儲かる！	神田昌典
005	２０２０年の教科書	菅下清廣
006	会社にお金が残らない本当の理由	岡本吏郎
007	なぜ、あの人は焼き肉やビールを飲み食いしても太らないのか？	饗庭秀直
008	富を手にする「ただひとつ」の法則	ウォレス・D・ワトルズ著 宇治田郁江訳
009	借金社長のための会計講座	小堺桂悦郎
010	リーダーが忘れてはならない3つの人間心理	小阪裕司
011	行動科学で人生を変える	石田　淳
012	私に売れないモノはない！	ジョー・ジラード スタンリー・H・ブラウン著 石原薫訳
013	コミュニケーション力を高める文章の技術	芦永奈雄
014	38歳までにするべき3つのこと	箱田忠昭
015	なぜ、脳は神を創ったのか？	苫米地英人
016	「お金」と「自由」を手に入れる！経済自由人という生き方	本田　健
017	怒らない技術	嶋津良智
018	テロリスト化するクレーマーたち	毛利元貞
019	あなたにも来る怖い相続	松田茂樹

020 一生クビにならない脳　篠原菊紀

021 「論理力」短期集中講座　出口　汪

022 日本人の小学生に100％英語をマスターさせる法　鵜沢戸久子

023 MBAで学ぶ負けない戦略思考「ゲーム理論」入門　若菜力人

024 ローマ字で読むな！　船津　洋

025 短く伝える技術　山田進一

026 バイリンガルは二重人格　苫米地英人

027 トラウマを消す技術　マイケル・ボルダック著　堀江信宏訳

028 世界に通用する子供の育て方　中嶋嶺雄

029 日本人のためのフェイスブック入門　松宮義仁

030 なぜか、人とお金がついてくる50の習慣　たかの友梨

031 お金が貯まる！家の買い方　浦田　健

032 新「伸びる人」の条件　安達元一

033 体内時計を調節する技術　平澤栄次

034 ゾーンに入る技術　辻　秀一

035 コーチが教える！「すぐやる」技術　井上裕之

036 一人でも部下がいる人のためのパワハラ入門　千葉　博

037 「オトナ脳」は学習できない！　苫米地英人

038 日本人のためのスマートフォン入門　松宮義仁

039 日本人だけが知らない！世界標準のコミュニケーション術　近藤藤太

- 040 強力なモチベーションを作る15の習慣　松本幸夫
- 041 新版「続ける」技術　石田 淳
- 042 終わらす技術　野呂エイシロウ
- 043 夢をかなえる方程式　苫米地英人
- 044 AKB48総選挙に学ぶ心をつかむ技術　三浦博史
- 045 新版 なぜ、社長のベンツは4ドアなのか?　小堺桂悦郎
- 046 3.11後、日本人はどう生きるべきか?　菅下清廣
- 047 NATOと言われる日本人　浅野 哲
- 048 ソブリンリスクの正体　浜 矩子
- 049 衝動買いさせる技術　松本朋子
- 050 なぜ、あの人の「主張」だけ通るのか?　太田龍樹
- 051 「遊ぶ人」ほど成功するホントの理由　佐藤富雄
- 052 一流をつくる「直感力」トレーニング　児玉光雄
- 053 数字はウソをつく　平林亮子
- 054 なぜ、留学生の99%は英語ができないのか?　藤永丈司
- 055 「できる人」を1分で見抜く77の法則　谷所健一郎
- 056 リーダーの「新常識」　石田 淳
- 057 悩まずに! 今すぐ顧客が集まるマーケティング　町田和隆
- 058 5感を揺さぶり相手を口説くプレゼンテーション　小林弘茂
- 059 中国美女の正体　宮脇淳子 福島香織

060	怒らない技術2	嶋津良智
061	年収２００万円からの「結婚してお金持ちになる」方法	谷所健一郎
062	メダリストの言葉はなぜ心に響くのか？	青島健太
063	一瞬であなたの人生を変えるシンプルな習慣	佐藤富雄
064	思い通りに人をあやつる１０１の心理テクニック	神岡真司
065	ビジネスマンのためのコンビニ栄養学	北嶋佳奈
066	天才なのに消える人 凡才だけど生き残る人	小宮山悟
067	情報量が10倍になるＮＬＰ速読法	松島直也
068	まとめる技術	中竹竜二
069	ライバルに差をつける半径５ｍ活用思考	森 吉弘
070	フェイスブックで「気疲れ」しない人づきあいの技術	五百田達成
071	「ゆううつな月曜日」をシンプルにやり過ごす28のテクニック	中島孝志
072	バカを治す	適菜 収
073	「考える力」を身につける本	出口 汪
074	「インド式計算」で会社の数字に強くなろう	松本幸夫
075	エレファント・シンドローム	浜口隆則
076	納得しないと動かない症候群	松本幸夫
077	ゴルフは「ナイスショット」だけ憶えなさい	内藤雄士
078	週末を10倍楽しむＪＲ線乗りつぶしの旅〈関東編〉	赤川良二
079	笑う裏社会	島田文昭

080	忙しい人のためのマラソン講座	前田浩実 金子裕代
081	最短で最高の結果を出す「超効率」勉強法	横溝慎一郎
082	人は誰でも候補者になれる！	石井貴士
083	読むだけで絶対やめられる禁パチセラピー	パチン・カー
084	「話す力」を身につける本	福田　健
085	日本人のためのＫｉｎｄｌｅ入門	松宮義仁
086	手強い相手の懐に入る技術	内田雅章
087	みっともない男にならない生き方	桜井章一
088	「面倒くさい人」と賢くつき合う心理学	齊藤　勇
089	子どもが変わる　怒らない子育て	嶋津良智
090	プロカウンセラーの一瞬で心を見抜く技術	前田大輔
091	怒る一流　怒れない二流	向谷匡史
092	浮気がバレる男、バレない女	今野裕幸
093	わかりやすい文章を書く技術	樋口裕一
094	脳は記憶を消したがる	前野隆司
095	安河内哲也の大人のための英語勉強法	安河内哲也
096	本当は語学が得意な日本人	李久惟
097	子どもが勉強好きになる子育て	篠原菊紀
098	箸の持ち方	適菜収